危险货物道路运输安全管理

吴金中　范文姬　田诗慧　赵亿滨　张　平　著

人民交通出版社股份有限公司

北 京

内 容 提 要

本书系统介绍了危险货物道路运输有关安全管理知识，包括危险货物的定义和分类、运输包装、运输车辆、运输作业等相关专业知识，针对性强、通俗易懂，有较高的实用性。

本书可作为危险货物道路运输企业主要负责人、安全生产管理人员、从业人员以及危险货物道路运输行业管理部门工作人员的培训用书，也可作为相关人员日常工作参考用书。

图书在版编目（CIP）数据

危险货物道路运输安全管理 / 吴金中等著 .—北京：
人民交通出版社股份有限公司，2023.7
　ISBN 978-7-114-18474-1

　Ⅰ.①危…　Ⅱ.①吴…　Ⅲ.①危险货物运输—交通运输安全—安全管理—图解　Ⅳ.① U294.8-64

中国版本图书馆 CIP 数据核字 (2022) 第 257650 号

　　　　　Weixian Huowu Daolu Yunshu Anquan Guanli
书　　　名：危险货物道路运输安全管理
著 作 者：吴金中　范文姬　田诗慧　赵亿滨　张　平
责 任 编 辑：董　倩
责 任 校 对：赵媛媛　龙　雪
责 任 印 制：张　凯
出 版 发 行：人民交通出版社股份有限公司
地　　　址：（100011）北京市朝阳区安定门外外馆斜街 3 号
网　　　址：http://www.ccpcl.com.cn
销 售 电 话：（010）59757973
总 经 销：人民交通出版社股份有限公司发行部
经　　　销：各地新华书店
印　　　刷：北京印匠彩色印刷有限公司
开　　　本：720×960　1/16
印　　　张：14
字　　　数：206 千
版　　　次：2023 年 7 月　第 1 版
印　　　次：2023 年 7 月　第 1 次印刷
书　　　号：ISBN 978-7-114-18474-1
定　　　价：78.00 元
（有印刷、装订质量问题的图书，由本公司负责调换）

危险货物主要包括绝大多数危险化学品及其混合物、农药、烟花爆竹、民用爆炸物品、放射性物品等，广泛应用于工农业生产、交通运输、国防科技以及百姓衣、食、住、行等各个领域，在国民经济和社会发展中发挥着不可替代的作用。近年来，我国危险货物道路运输管理持续加强，安全形势持续向好，但事故频发、多发的势头没有从根本性上得到遏制。分析典型事故案例可以看到，从业人员不熟悉危险货物的危险特性、不掌握危险货物运输的安全操作方法，是导致事故多发的重要原因之一。

另外，相比普通货物运输，危险货物道路运输涉及化工、车辆、运输包装、罐体等多领域知识，术语概念多、专业性强，对于普通从业人员而言，学习理解起来难度相对较大。为有效解决该问题，交通运输部公路科学研究院危险货物运输安全研究创新团队在总结多年实践经验的基础上，编写了《危险货物道路运输安全管理》一书，力求用图文并茂的方式、典型案例的剖析、浅显易懂的语言讲述危险货物道路运输安全管理的专业知识，便于读者更为直观和深入地理解。

本书共有六章、两个附录。第一章主要介绍了危险货物的定义和分类。第二章介绍了小型包装、气瓶、中型散装容器、可移动罐柜、罐车罐体等各类运输包装的用途、选型使用要点。第三章介绍了危险货物运输车辆的类型、车辆配置选型要点、随车应急工具等内容。第四章介绍了危险性信息标记与标志要求，包括包装及罐体标记标志、托运清单、运单及安全卡等内容。第五章介绍了危险货物装卸安全要点，包括装货前查验、货物装载、装货后检查与登记、货物卸载等内容。第六章介绍了运单管理、运输前安全检查、运输途中监控、事故与应急等运输过程安全管理要求。附录一梳理了危险货物道路运输豁免相关文件并整理了豁免物质清单，附录二介绍了常见危险货物有限数量适用情况。

在本书编写过程中，得到了中国核工业集团有限公司战榆林、上海化工院检测有限公司董学胜、宁波金洋化工物流有限公司余绍桥、浙江省特种设备科学研究院楼红军、广州特种承压设备检测研究院肖超波等的大力支持，在此表示感谢！

由于时间仓促、水平有限，书中难免有疏漏和不足之处，敬请各位读者和专家提出宝贵意见，以便再版时予以修订。

编　者

2023年4月

CONTENTS | **目　录** |

第六章　危险货物运输过程安全管理⋯⋯⋯⋯⋯⋯ **173**

附录⋯⋯⋯⋯⋯⋯⋯⋯⋯⋯⋯⋯⋯⋯⋯⋯⋯ **203**

参考文献⋯⋯⋯⋯⋯⋯⋯⋯⋯⋯⋯⋯⋯⋯⋯ **213**

第一章

危险货物的定义和分类

第一节　危险货物的定义

一、什么是危险货物

根据《危险货物分类和品名编号》（GB 6944—2012），危险货物是指具有爆炸、易燃、毒害、感染、腐蚀、放射性等危险特性，在运输、储存、生产、经营、使用和处置中，容易造成人身伤亡、财产损毁或环境污染而需要特别防护的物质和物品。

根据《危险货物道路运输安全管理办法》（交通运输部令2019年第29号），危险货物是指列入《危险货物道路运输规则》（JT/T 617），具有爆炸、燃烧、毒害、感染、腐蚀、放射性等危险特性的物质或物品。

危险货物与百姓生活、经济发展息息相关，人们在生活中离不开危险货物。

危险货物具有一定的危险特性。比如，烟花爆竹具有爆炸危险性，二氧化碳具有窒息危险性，汽油、柴油、油漆、白酒等具有燃烧危险性，核电站燃料棒具有放射危险性，硫酸具有腐蚀危险性等。正因为危险货物有这些危险特性，所以在运输过程中，需要采取科学的安全措施，把这些危险"关进笼子"，避免其对生命财产造成伤亡和损毁，或污染生态环境。

危险货物可能是物质，如油漆、汽油等；也可能是物品，如雷管、汽车用安全气囊等（图1-1）。

二、危险货物相关规则

危险货物运输涉及多个学科门类、多种运输方式，专业性和技术性很强；加上新物质和新材料不断涌现，为保障运输安全高效，联合国经济及社会理事会危险货物运输专家委员会❶组织编写了《关于危险货物运输的建议书　规章范本》（以下简称TDG，如图1-2所示），以协调各国政府、政府间组织和其他国际组织及海运、航空、公路、铁路危险货物运输要求。

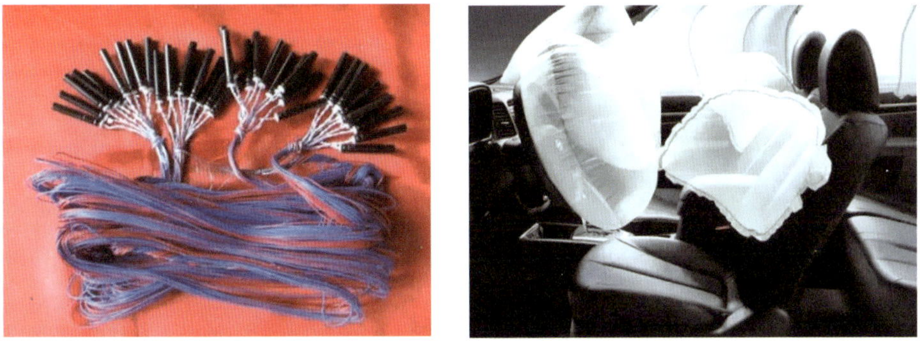

图1-1　工业炸药雷管（左）和汽车安全气囊（右）

图1-2　危险货物国际运输

　　TDG主要内容包括危险货物分类、危险货物一览表、包装及罐体使用规定、托运程序、包装及罐体制造，每两年更新一版。

　　目前，TDG是全球最具权威性的危险货物运输规则，被世界各国普遍采

❶　该委员会于1999年更名为危险货物运输和全球化学品统一分类标签制度问题专家委员会危险货物运输问题专家小组委员会。

用。在TDG基础上，相关国际组织制定了各种运输方式的技术规则，包括：国际海事组织（IMO）制定的《国际海运危险货物规则》（IMDG Code），国际航空组织（ICAO）制定的《危险物品安全航空运输技术细则》（TI），欧洲铁路运输中心局（OCTI）制定的《国际铁路运输危险货物规则》（RID），欧洲经济委员会（ECE）制定的《危险货物国际道路运输欧洲公约》（ADR）和《国际内河运输危险货物协定》（ADN）。

以上六部规则均可简称为国际危规，其对危险货物的分类、包装和标签等的要求基本一致。根据不同运输方式和运载工具的具体特点，ADR、IMDG等对TDG的部分章节内容进行了细化，涵盖道路、铁路、水路、航空等多种运输方式（图1-3~图1-7）。

图1-3 危险货物道路运输

图1-4 危险货物铁路运输

图1-5 危险货物海洋运输

图1-6 危险货物航空运输

图1-7 危险货物内河运输

为切实解决我国危险货物道路运输管理标准缺失老化、碎片化、交叉重复杂矛盾等问题，交通运输部在充分吸收借鉴TDG、ADR等的基础上，结合我国实际情况，组织制定了《危险货物道路运输规则》（JT/T 617，以下简称JT/T 617）。该标准包括7个部分，对危险货物分类、运输包装、托运、装卸、道路运输等环节的操作要求作出了系统性规定。

第二节　危险货物的分类

一、危险货物的分类方法

化学物质数量庞杂，为了准确地表示和区分每种化学物质，美国化学会的下设组织化学文摘社（Chemical Abstracts Service，CAS）为每一种出现在文献中的物质分配了一个CAS编号。CAS编号便成为某种化学物质的唯一识别码，相当于每一种化学物质都拥有了自己的身份证，进而使数据库的检索更为方便。

近年来，随着化学工业的快速发展，每天都有成千上万的新化学物质被研发、生产出来。以2007年的数据为例，CAS数据库一共登记了超过6000万种化学品，而在1980年，这个数字还不到500万。尽管CAS登记化学品的危险性不一定都能达到危险货物的分类标准，但由于CAS数据库基数非常大，符合危险货物确定标准的化学品数量仍然十分庞大。

对于数量如此庞大、增长速度如此之快的危险货物，如果按照传统方式，确定其运输安全条件和应急处置方法，工作量非常大，是不可能完成的任务。为了解决该问题，联合国经济及社会理事会危险货物运输专家委员会开发了一套危险货物的分类系统，具体如下。

第一步：通常按照危险性相近、应急处置措施相似的危险货物可归为一类的思路，将危险货物分为9个大类，每个大类中再细分为若干小类（项）（图1-8）。

```
                                    ┌─────────────────────────────────────────────────────────┐
                                    │ 1.1项：有整体爆炸危险的物质和物品                           │
                                    └─────────────────────────────────────────────────────────┘
                                    ┌─────────────────────────────────────────────────────────┐
                                    │ 1.2项：有迸射危险，但无整体爆炸危险的物质和物品             │
                                    └─────────────────────────────────────────────────────────┘
                                    ┌─────────────────────────────────────────────────────────┐
                                    │ 1.3项：有燃烧危险并有局部爆炸危险或局部迸射危险             │
                  第1类              │ 之一或兼有这两种危险、但无整体爆炸危险的物质和             │
                爆炸性物质和物品      │ 物品                                                     │
                                    └─────────────────────────────────────────────────────────┘
                                    ┌─────────────────────────────────────────────────────────┐
                                    │ 1.4项：不呈现重大危险的物质和物品                           │
                                    └─────────────────────────────────────────────────────────┘
                                    ┌─────────────────────────────────────────────────────────┐
                                    │ 1.5项：有整体爆炸危险的非常不敏感物质的物质，在             │
                                    │ 正常运输情况引发或由燃烧转为爆炸的可能性很小               │
                                    └─────────────────────────────────────────────────────────┘
                                    ┌─────────────────────────────────────────────────────────┐
                                    │ 1.6项：无整体爆炸危险的极端不敏感物品                       │
                                    └─────────────────────────────────────────────────────────┘

                                    ┌─────────────────────────────────────────────────────────┐
                                    │ 2.1项：易燃气体                                            │
                                    └─────────────────────────────────────────────────────────┘
                  第2类              ┌─────────────────────────────────────────────────────────┐
                  气体              │ 2.2项：非易燃无毒气体                                      │
                                    └─────────────────────────────────────────────────────────┘
                  第3类              ┌─────────────────────────────────────────────────────────┐
                  易燃液体           │ 2.3项：毒性气体                                            │
                                    └─────────────────────────────────────────────────────────┘
                                    ┌─────────────────────────────────────────────────────────┐
                                    │ 4.1项：易燃固体、自反应物质和固态退敏爆炸品                 │
 危险货物分类                        └─────────────────────────────────────────────────────────┘
                  第4类              ┌─────────────────────────────────────────────────────────┐
              易燃固体、易于自燃       │ 4.2项：易于自燃的物质                                      │
              的物质、遇水放出易       └─────────────────────────────────────────────────────────┘
              燃气体的物质           ┌─────────────────────────────────────────────────────────┐
                                    │ 4.3项：遇水放出易燃气体的物质                              │
                                    └─────────────────────────────────────────────────────────┘
                                    ┌─────────────────────────────────────────────────────────┐
                                    │ 5.1项：氧化性物质                                          │
                  第5类              └─────────────────────────────────────────────────────────┘
              氧化性物质和有机过       ┌─────────────────────────────────────────────────────────┐
                氧化物              │ 5.2项：有机过氧化物                                        │
                                    └─────────────────────────────────────────────────────────┘
                                    ┌─────────────────────────────────────────────────────────┐
                                    │ 6.1项：毒性物质                                            │
                  第6类              └─────────────────────────────────────────────────────────┘
                毒性物质             ┌─────────────────────────────────────────────────────────┐
              和感染性物质           │ 6.2项：感染性物质                                          │
                                    └─────────────────────────────────────────────────────────┘
                  第7类
                放射性物质

                  第8类
                腐蚀性物质

                  第9类
            杂项危险物质和物品,
            包括危害环境物质
```

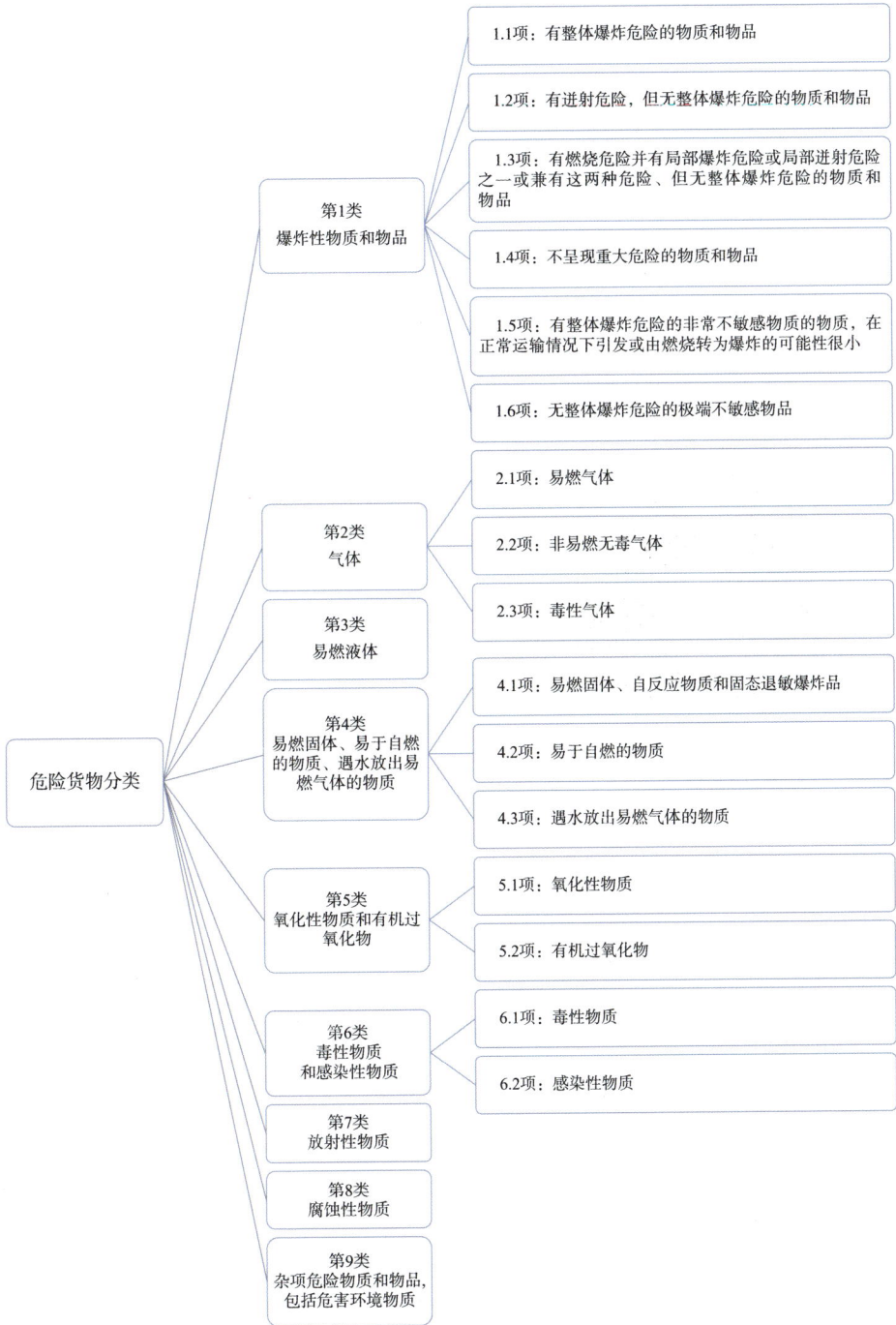

图1-8 危险货物分类

第二步：用UN编号、正式运输名称、包装类别三个要素唯一确定一个危险货物条目。

第三步：根据危险物质本身的危险程度，将危险货物再次细分为三个包装类别（除第1类、第2类、5.2项、6.2项和第7类，以及4.1项中的自反应物质以外）：

（1）包装类别Ⅰ：高度危险性的物质，通常用PGⅠ表示；

（2）包装类别Ⅱ：中等危险性的物质，通常用PGⅡ表示；

（3）包装类别Ⅲ：低度危险性的物质，通常用PGⅢ表示。

以下以石油原油（图1-9）为例做介绍。

石油原油是一种常见的第3类危险货物（易燃液体），通常用作石油炼制及化工的基础原料，可制作燃料、塑料、医药、橡胶等产品。《危险货物道路运输规划 第3部分：品名及运输要求索引》（JT/T 617.3—

图1-9 石油原油

2018，以下简称JT/T 617.3）的《道路运输危险货物一览表》中，石油原油有4个条目（表1-1和图1-10）。

石油原油品名表条目　　　　　　　　　　　　　　　　　　表1-1

联合国编号	中文名称和描述	类别	分类代码	包装类别
(1)	(2a)	(3a)	(3b)	(4)
1267	石油原油	3	F1	Ⅰ
1267	石油原油 （50℃时蒸气压大于110kPa）	3	F1	Ⅱ
1267	石油原油 （50℃时蒸气压不大于110kPa）	3	F1	Ⅱ
1267	石油原油	3	F1	Ⅲ

对于初始沸点≤35℃的石油原油	对于闪点<23℃、初始沸点>35℃，并且50℃时蒸气压大于110kPa的石油原油	对于闪点<23℃、初始沸点>35℃，并且50℃时蒸气压不大于110kPa的石油原油	对于23℃≤闪点<60℃、初始沸点>35℃的石油原油
包装类别为Ⅰ类	包装类别为Ⅱ类	包装类别为Ⅱ类	包装类别为Ⅲ类
1267，石油原油，PGⅠ，如果使用槽罐车运输，对应的罐体代码为L4BN	1267，石油原油（50℃时蒸气压大于110kPa），PGⅡ，对应的罐体代码为L1.5BN	1267，石油原油（50℃时蒸气压不大于110kPa），PGⅡ，对应的罐体代码为LGBF	1267，石油原油，PGⅢ，对应的罐体代码为LGBF

图1-10　石油原油分类❶

另外，分类系统采用类属条目的方式，解决同一类型危险货物的UN编号分配问题。

如前所述，每天新出现的危险货物非常多，如果每个货物都被赋予一个UN编号，品名表将变得特别庞大，更新也过于频繁，在现实中很难操作。对此问题，联合国分类系统的解决方案是：对于常见的危险货物，赋予一个明确的UN编号和正式运输名称，可称之为单一条目（A类）；对于其他的危险货物，按照集合条目的方法进行分类。其中，集合条目又可分为三种：B、C、D类。

（1）单一条目（A类）。这类危险货物在生活、生产中很常见，如前述UN 1267石油原油，UN 1203汽油，UN 3480锂离子蓄电池等（图1-11）。

图1-11　原油（左）、汽油（中）和锂离子蓄电池（右）

---

❶　对于第3类易燃液体，通常用闪点描述其危险程度：闪点越低，越容易燃烧，危险性越大；闪点越高，越不容易燃烧，危险性越小。

图1-12　常见农药

（2）B类集合条目。适用于意义明确的一组物质或物品。例如，常见的农药乐果、毒死蜱等（图1-12）。乐果、毒死蜱在JT/T 617.3的《道路运输危险货物一览表》中没有其产品名称。根据集合条目的分类方法，对应的分类条目为"UN 2783，有机磷农药，固体的，有毒的，PGⅢ"。

小知识

　　乐果，化学名为O，O—二甲基—S—（N—甲基氨基甲酰甲基）二硫代磷酸酯，是一种常见的有机磷农药，可被植物吸收并输导至个体全株，是一种高效的广谱杀虫剂；能够杀灭水稻、小麦、棉花等植物的多种咀嚼式和刺吸式口器的害虫，具有较好的预防效果。

　　毒死蜱，又名氯吡硫磷，化学名为O，O—二乙基—O—(3，5，6—三氯—2—吡啶基)硫代磷酸，呈白色结晶，具有轻微的硫醇味，是一种非内吸性的杀虫杀螨剂，能有效预防蚜虫、红蜘蛛、潜叶蝇、果实蝇等常见害虫。

　　（3）C类集合条目。适用于一组具有某一特定化学性质或技术性质的物质或物品。在这类条目的运输名称最后，通常加上"未另做规定的"。例如，常见的化学原料乙酸己酯、丙酸丙酯等（图1-13）。乙酸己酯、丙酸丙酯在JT/T 617.3的《道路运输危险货物一览表》中没有其产品名称。根据化学性质，乙酸己酯、丙酸丙酯都属于酯类。其中，乙酸己酯对应的分类条目为"UN 3272，酯类、未另做规定的，PGⅢ"；丙酸丙酯对应的分类条目为"UN 3272，酯类、未另做规定的，PGⅡ"。

图1-13　食用香精和家用清洗剂

　　乙酸己酯具有果香气，主要用于配制苹果、梨等水果型香精或化妆品香料，也用于有机合成，作为纤维素酯类、树脂等物质的溶剂。丙酸丙酯是一种优良溶剂，被广泛应用到涂料、印刷油墨、香料、清洗剂、食品工业调料等领域，因其具备无毒无害的特性，可取代一些能引起空气污染的芳香烃化合物溶剂，例如苯。

　　（4）D类集合条目。适用于一组符合一个（或多个）危险货物类别（或项别）的物质或物品。在这类条目的运输名称中，通常带有危险货物类别的名称，同时在运输名称的最后，通常加上"未另做规定的"。例如，医药行业常见的原料药盐酸左旋咪唑、氯氮平等（图1-14）。盐酸左旋咪唑、氯氮平在JT/T 617.3的《道路运输危险货物一览表》中没有其产品名称。根据化学性质和危险特性，盐酸左旋咪唑、氯氮平对应的分类条目为"UN 2811，有毒固体、有机的、未另做规定的，PG Ⅲ"。

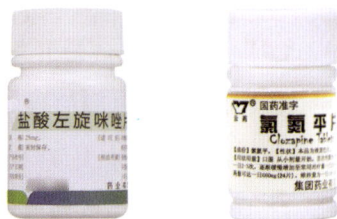

图1-14　常见药品

小知识

　　盐酸左旋咪唑片是一种免疫增强剂，属于处方药，对寄生人体的蛔虫、钩虫、蛲虫和粪类圆线虫病有较好疗效，适于集体治疗。氯氮平片主要用于治疗精神分裂症，属于抗精神病类药物，对脑内多巴胺受体具有比较强的阻滞作用，能够直接抑制脑干网状结构上行激活系统，也具有比较强大的镇静、催眠功效。

小知识

　　问题：如果托运人托运的货物在JT/T 617.3的《道路运输危险货物一览表》中没有找到对应条目，那么是否说明托运货物不属于危险货物，可以按照普通货物运输？

　　回答：这种说法是错误的，托运的货物是否属于危险货物，需要根据其危险特性和前文所述的危险货物分类方法确定。

　　《危险货物分类和品名编号》（GB 6944—2012）按危险货物具有的危险性或最主要的危险性，将危险货物分为9个类别，第1类、第2类、第4类、第5类和第6类再分为项别。类别和项别分列如下：

第1类：爆炸品

1.1项：有整体爆炸危险的物质和物品

1.2项：有迸射危险但无整体爆炸危险的物质和物品

1.3项：有燃烧危险并有局部爆炸危险或局部迸射危险或这两种危险都有，但无整体爆炸危险的物质和物品

1.4项：不呈现重大危险的物质和物品

1.5项：有整体爆炸危险的非常不敏感物质

1.6项：无整体爆炸危险的极端不敏感物品

第2类：气体

2.1项：易燃气体

2.2项：非易燃无毒气体

2.3项：毒性气体

第3类：易燃液体

第4类：易燃固体、易于自燃的物质、遇水放出易燃气体的物质

4.1项：易燃固体、自反应物质和固态退敏爆炸品

4.2项：易于自燃的物质

4.3项：遇水放出易燃气体的物质

第5类：氧化性物质和有机过氧化物

5.1项：氧化性物质

5.2项：有机过氧化物

第6类：毒性物质和感染性物质

6.1项：毒性物质

6.2项：感染性物质

第7类：放射性物质

第8类：腐蚀性物质

第9类：杂项危险物质和物品，包括危害环境物质

常见的危险货物见表1-2。

危险货物示例及常见用途　　　　　　　　　　　表1-2

危险货物示例			常见用途
烟花爆竹		第1类标志	节日庆祝

危险货物示例		常见用途
氧气	 第 2 类标志	 医院抢救病人
二氧化碳	 第 2 类标志	 制作可乐饮料
汽油	 第 3 类标志	 汽车燃料
油漆	 第 3 类标志	 装修等
核电站 燃料棒	 第 7 类标志	 核电站运行

续上表

	危险货物示例			常见用途
硫酸		第 8 类标志		芯片制造加工
锂电池		第 9 类标志		电动汽车

二、危险货物品名表

我国危险货物的判定主要实行目录式管理，《道路危险货物运输管理规定》（交通运输部令2019年第42号）规定，危险货物以列入《危险货物品名表》（GB 12268）的为准。《危险货物品名表》（GB 12268）中给出的危险货物品名表，由联合国编号、名称和说明、英文名称、类别或项别、次要危险性、包装类别、特殊规定共7项组成（表1-3）。

危险货物品名表的格式

表1-3

联合国编号	名称和说明	英文名称	类别或项别	次要危险性	包装类别	特殊规定
0004	苦味酸铵，干的，或湿的，按质量含水低于10%	AMMONIUMPICRATE dry or wetted with less than 10% water,by mass	1.1D			
0005	武器弹药筒，带有爆炸装药	CARTRIDGES FOR WEAPONS with bursting charge	1.1F			

续上表

联合国编号	名称和说明	英文名称	类别或项别	次要危险性	包装类别	特殊规定
0006	武器弹药筒，带有爆炸装药	CARTRIDGES FOR WEAPONS with bursting charge	1.1E			
0007	武器弹药筒，带有爆炸装药	CARTRIDGES FOR WEAPONS with bursting charge	1.2F			
0009	燃烧弹药，带有或不带有起爆装置、发射剂或推进剂	AMMUNITION,INCENDIARY with or without burster,expelling charge or propelling charge	1.2G			
0010	燃烧弹药，带有或不带起爆装置、发射剂或推进剂	AMMUNITION,INCENDIARY with or without burster,expelling charge or propelling charge	1.3G			

《危险货物道路运输安全管理办法》规定，应当按照《危险货物道路运输规则》（JT/T 617）确定危险货物的类别、项别、品名、编号，遵守相关特殊规定要求。通过JT/T 617.3的《道路运输危险货物一览表》，能够将每个危险货物的类别项别、正式运输名称、包装、标志、车辆、托运、装卸、运输作业等关键环节的要求"串"起来，对于掌握每种危险货物的全链条上各环节技术要求非常关键。

《道路运输危险货物一览表》的使用方法相关内容请扫描本书封面二维码查看。

三、各类危险货物的危险性

1. 爆炸品的危险特性

爆炸品在运输过程中，如果包装防护不到位、堆码或装卸方法不合理，可能会由于振动、跌落或者高温等引发爆炸，导致重大的人员伤亡和财产损失。

案例分析

连霍高速公路三门峡义昌大桥"2·1"重大运输烟花爆竹爆炸事故

2013年2月1日8时57分，连霍高速公路三门峡义昌大桥处发生一起运输烟花爆竹爆炸事故，导致义昌大桥部分坍塌，车辆坠落桥下，造成13人死亡，9人受伤，直接经济损失7632万元（图1-15）。其中，不具有危险货物运输资质的货车承运烟火药剂爆炸物（土地雷）和烟花爆竹（开天雷）、不按照规定进行装载，运输过程中操作不当对运输车辆紧急制动，是导致车厢内爆炸物发生撞击摩擦从而引发爆炸事故的重要原因。

图1-15　"2·1"重大运输烟花爆竹爆炸事故现场图

爆炸品危险性极大，具有化学不稳定性和爆炸性，对撞击、摩擦、温度等非常敏感；当从外界获得一定量的起爆能时，将发生猛烈的化学反应，并在极短时间内释放大量热量和气体而发生爆炸性燃烧，产生对周围的人、畜及建筑物具有很大破坏性的高压冲击波。

（1）1.1项：有整体爆炸危险的物质和物品。例如，黑火药（火药），颗粒状或粗粉状（UN 0027）、爆破炸药（UN 0048）等（图1-16）。

图1-16　黑火药（左）和爆破炸药（右）

（2）1.2项：有迸射危险，但无整体爆炸危险的物质和物品。例如，地面照明弹（UN 0419）（图1-17）。

图1-17　地面照明弹

（3）1.3项：有燃烧危险并有局部爆炸危险或局部迸射危险之一，或兼有这两种危险、但无整体爆炸危险的物质和物品。例如，烟花（UN 0335），练习用手榴弹（UN 0318）（图1-18）。

图1-18　彩珠筒烟花（左）和练习用手榴弹（右）

（4）1.4项：不呈现重大危险的物质和物品。例如，鞭炮（UN 0336，烟花）（图1-19），安全气囊（UN 0503，气囊充气器或气囊装置或座椅安全带预张紧装置）（图1-20）。

图1-19　鞭炮

图1-20　安全气囊

（5）1.5项：有整体爆炸危险的非常不敏感物质。例如，爆破炸药，E型（UN 0332）。

（6）1.6项：无整体爆炸危险的极端不敏感物品。该物品仅含有极不敏感爆炸物质，其意外引发爆炸或传播的概率基本上可忽略不计。

2. 气体的危险特性

在运输过程中，可能因交通事故或包装问题导致气体泄漏。如果泄漏气体具有毒性，可能危害环境或损害人体健康；如果气体具有易燃性，在遇明火时也可能引发燃爆，造成严重后果。

案例分析

京沪高速公路淮安段"3·29"液氯泄漏事故

2005年3月29日晚，京沪高速公路淮安段发生一起运输液氯罐车左前轮爆胎，冲断高速公路中间隔离栏至逆向车道，与由南向北行驶、载有空液化气钢瓶的货车碰撞的事故，导致液氯罐车车头与罐体脱离，液氯大量泄漏，造成包括货车驾驶员在内的28人中毒死亡，周围村镇350人被送往医院救治，1万多村民被紧急疏散，直接经济损失1700余万元（图1-21）。事故发生后，罐车驾驶员向高速公路交通管理部门打电话报告，但并未说明危险货物类别，后又逃逸，延误了最佳应急处置救援时机，进一步加重了事故后果。罐车严重超载和罐车驾驶员的不正当驾驶操作是事故的主要原因。

图1-21 "3·29"液氯泄漏事故现场图

液氯为黄绿色的油状液体，有剧毒。在常压下即汽化成气体，吸入人体可导致严重中毒，有剧烈刺激作用和腐蚀性，在日光下与其他易燃气体混合时可发生燃烧和爆炸；液氯性质活泼，可以和大多数单质（或化合物）起反应。液氯为基本化工原料，可用于冶金、纺织、造纸等工业，是合成盐酸、聚氯乙烯、塑料、农药的原料。

（1）2.1项：易燃气体。例如，氢气（UN 1049）。氢气是一种重要的工业原料，在石油化工、电子工业、冶金工业、精细有机合成、航空航天等方面有着广泛的应用（图1-22）。

（2）2.2项：非易燃无毒气体。例如，二氧化碳（UN 1013）。二氧化碳是一种在常温下无色无味不可燃的气体，密度大于空气。气态二氧化碳常被用于碳酸饮料制作和食品保存（图1-23）。

图1-22　航天火箭发射

图1-23　碳酸饮料

（3）2.3项：毒性气体。例如，氯气（UN 1017）。氯气是一种在常温常压下为黄绿色的气体，有强烈刺激性气味，密度大于空气且有剧毒；可溶于水、易溶于有机溶剂（如四氯化碳）。氯气易压缩，可液化为黄绿色的油状液氯，可用作为强氧化剂，主要用于生产塑料、合成纤维、农药、消毒剂、漂白剂溶剂等（图1-24）。

图1-24　家用消毒液

3. 易燃液体的危险性

易燃液体在运输过程中可能因驾驶操作不当、装卸操作不当和包装自身等问题引发泄漏。如不能及时进行堵漏，泄漏液体遇明火、静电导致燃烧，往往会引发严重事故。此外，一些具有毒性和腐蚀性等次要危险性的易燃液体泄漏，还可能直接危害周围人群的生命健康。

案例分析

山西"3·1"特别重大道路交通危化品燃爆事故

2014年3月1日，山西省晋济高速公路岩后隧道发生特别重大道路交通危化品燃爆事故，导致40人死亡，12人受伤和42辆车烧毁（图1-25）。事故由两辆甲醇运输车在隧道内追尾引发，前车甲醇泄漏后，由于电器短路等因素引燃甲醇。同时，因隧道坡度和当日风向等因素，事故隧道内形成"烟囱效应"，迅速引燃隧道内煤炭运输车、轿车等其他车辆，引发多次爆炸。

图1-25 "3·1"特别重大道路交通危化品燃爆事故现场图

甲醇为无色易挥发液体，有微弱白酒气味。浓度低于500×10^{-6}时，吸入会引起头疼、呕吐、刺激、鼻、咽喉、瞳孔放大、有醉酒感、肌肉失调、多汗、支气管炎、惊厥；吸入过量则僵木、痛性痉挛、怕光，甚至失明，病情恢复十分缓慢且不彻底；接触会使皮肤干裂、红肿，并对眼睛有刺激性；食入后，除吸入产生的症状外，还会损伤肝、肾、心脏、神经，甚至死亡。

常见易燃液体举例如下。

（1）车用汽油（UN 1203）（图1-26）。

（2）甲醛溶液（UN 1198）（图1-27）。

图1-26 加注汽油

图1-27 装修胶粘剂

（3）涂料（UN 3469）（图1-28）。

图1-28 涂料和油漆稀释剂

4. 易燃固体、易于自燃的物质、遇水放出易燃气体的物质的危险性

第4类危险货物包含易燃固体、易于自燃的物质、遇水放出易燃气体的物质。

案例分析

山东汶上县"8·14"电石运输事故

2018年8月14日，一辆河北沧州的电石运输车辆在行驶至山东省济宁市汶上县境内时发生爆燃，爆炸导致附近行驶中的3辆轿车受损，车内3人受轻微伤，临近商铺不同程度受损（图1-29）。本次事故主要因电石包装密封性不良引起，车辆密封舱遇下雨天气进水，雨水与舱内电石接触后放热并产生乙炔气体，从而引发局部爆燃。电石的主要成分是碳化钙。

图1-29 "8·14"电石运输事故现场图

（1）4.1项：易燃固体物质和物品、自反应固体或液体、固态退敏爆炸品。例如，硫（UN 1350）（图1-30）和安全火柴（UN 1944）（图1-31）。

图1-30 硫黄晶体

图1-31 火柴

（2）4.2项：易于自燃的物质。例如，碳，活性的（UN 1362）（图1-32）和磷，白色或蓝色，干的（UN 1381）（图1-33）。

（3）4.3项：遇水放出易燃气体的物质。例如，碳化钙（UN 1402）

（图1-34）和钠（UN 1428）（图1-35）。

图1-32　活性炭

图1-33　块状白磷

图1-34　碳化钙（电石）

图1-35　钠

5. 氧化性物质和有机过氧化物的危险性

第5类危险货物包含氧化性物质和有机过氧化物。氧化性物质虽然不能燃烧，但具备助燃性，能通过放出氧气引发或促使其他物质燃烧，遇火灾时可加剧可燃物的燃烧。有机过氧化物在正常温度或高温下易放热分解，分解时可产生有害、易燃的气体。因此，许多有机过氧化物的燃烧会非常剧烈。

💡 **案例分析**

"5·23"河北张石高速公路重大危化品运输事故

2017年5月23日6时20分左右，河北省保定市涞源县境内的张石高速公路石家庄方向浮图峪5号隧道内发生一起车辆爆炸燃烧事故。燃烧爆炸发生初始，发出较大声音和火光，隧道内驾乘人员迅速逃生，隧道外桥上车辆急速驶离现场。之后燃烧爆炸的强热引发氯酸钠和爆炸混合物爆炸，爆炸产生的冲击波、高温及火焰导致车辆破损、人员伤亡，煤炭燃烧及爆炸破片飞溅，后续汽车油箱、制动储气罐、灭火器及轮胎等又相继发生连锁爆炸，挥发出白色的氯酸钠粉尘细微颗粒漂浮至隧道外。事故波及9部车辆，其中6部损毁，造成15人遇难，3人重度烧伤，事故波及高速公路桥下43户民房受损，16名村民轻微受伤，造成直接经济损失4200多万元（图1-36）。

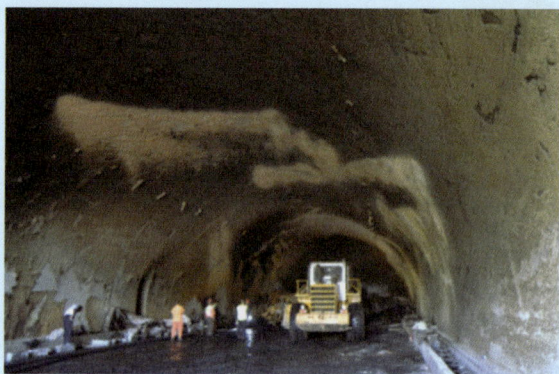

图1-36 "5·23"河北张石高速公路重大危化品运输事故现场图

事故主要原因为涉事车辆装载5.1项危险货物氯酸钠捆扎固定不当，导致氯酸钠与车辆底板残留石油焦粉末摩擦引起爆炸。同时，涉事运输公司还存在未严格落实安全培训制度，私自改装危险化学品运输车辆等违法违规问题。托运人存在使用不具备防火性能的篷布等违法违规问题。

氯酸钠是一种无机化合物，通常为白色或微黄色晶体，味咸而凉，易溶于水、微溶于乙醇。氯酸钠是强氧化剂，受强热或与强酸接触时即发生爆炸；与还原剂、有机物、易燃物如硫、磷或金属粉末等混合可形成爆炸性混合物，急剧加热时可发生爆炸。

（1）5.1项：氧化性物质。例如，高锰酸钾（UN 1490）（图1-37）和过氧化氢水溶液，含过氧化氢不少于8%，但少于20%（UN 2984）（图1-38）。

图1-37　高锰酸钾晶体

图1-38　医用过氧化氢溶液

（2）5.2项：有机过氧化物。叔丁基过氧化氢（UN 3103，C型有机过氧化物，液体的）（图1-39）和过氧化二苯甲酰（UN 3102，B型有机过氧化物，固体的）（图1-40）。

图1-39　天然橡胶（左）和硫化橡胶（右）

6. 毒性物质和感染性物质的危险性

第6类危险货物包含毒性物质和感染性物质。毒性物质包括有机、无机的

图1-40 聚乙烯纤维

固体和液体，在发生泄漏时，若被人体接触、吞食或吸入，可能损害人体健康甚至导致死亡。某些毒性物质还同时具有易燃性、氧化性、腐蚀性等危险性。感染性物质包含已知或可能含有病原体的物质，在有效的传播途径下，病原体会造成人类或动物感染相应疾病。

案例分析

广东"6·16"农药运输车侧翻事故

2014年6月16日，广东省韶关市乳源县一农药运输车辆发生侧翻，致使1人受伤（图1-41）。本次事故导致车上的瓶装液体农药洒落至路面并破损，大量瓶内农药泄漏，流入公路侧排水渠，并随排水渠内流水渗入附近河流。本次事故因车辆制动失灵引发，车上盛装液体农药为敌敌畏，属于6.1项毒性物质，过量渗入河流可引起鱼虾死亡和饮用水源污染。

图1-41 "6·16"农药运输车侧翻事故现场图

（1）6.1项：毒性物质。例如，三氧化二砷（UN 1561）（图1-42）和有机磷农药（UN 2783）（图1-43）。

（2）6.2项：感染性物质。例如，埃博拉病毒培养物（UN 2814，感染性物质，对人感染）（图1-44）和口蹄疫病毒培养物（UN 2900，感染性物质，只对动物感染）（图1-45）。

图1-42 三氧化二砷

图1-43 有机磷农药

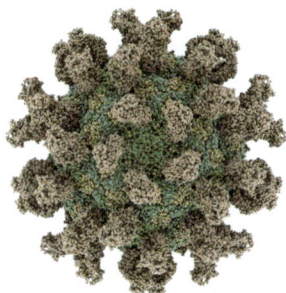

图1-44 埃博拉病毒

图1-45 口蹄疫病毒

7. 放射性物质的危险性

放射性物质会因原子核衰变向外辐射能量，放出α、β、γ、正电子、微中子等射线。放射性物质可能会导致神经系统、内分泌系统及血液系统的破坏，使血管通透性改变，导致出血以及并发感染。此外，放射性也可能损伤遗传物质，引起基因突变和染色体畸变，使一代甚至几代受影响。

案例分析

切尔诺贝利事故

1986年4月26日，乌克兰普里皮亚季的切尔诺贝利核电厂第四号反应堆发生了爆炸，爆炸导致大火并使大量高辐射物质散发到大气层中（图1-46）。事故造成两人死于非辐射因素，28人于事故后三个月内因急性辐射综合征死亡，事故对环境造成的影响极其严重。

图1-46　切尔诺贝利事故现场图

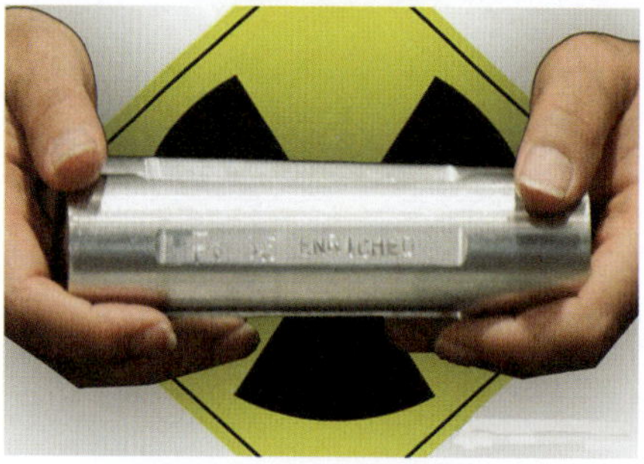

图1-47　六氟化铀金属管

放射性物质包括任何含有放射性核素，其放射性浓度和托运货物中的总放射性活度均超过《放射性物质安全运输规程》（GB 11806—2019）规定的限值的物质。例如，放射性材料，六氟化铀，易裂变（UN 2977）（图1-47）。

8. 腐蚀性物质的危险性

腐蚀性物质包括酸性、碱性物质或物品。某些腐蚀性物质同时具备易燃性、毒性、氧化性等危险性。腐蚀性物质在泄漏后，有的可能会对人体上皮组织（如皮肤或黏膜）造成伤害，进而危及人体健康，有的可能毁坏运输车辆及其装载货物，甚至会严重损坏路面、桥梁等道路基础设施。部分货物在自然条件下也会与潮湿空气混合形成腐蚀性蒸气或薄雾，被人体吸入造成伤害。

广西钦州"6·21"氢氟酸罐车侧翻碰撞事故

2021年6月21日，一辆装载31t氢氟酸的重型半挂牵引车，行驶至G75兰海高速公路南宁往北海方向2077km附近时发生侧翻，后被一辆重型仓栅式货车追尾。事故共造成1人死亡、1人受伤，22.96t氢氟酸（第8类，有毒的腐蚀性物质）泄漏，事故地点附近大面积山林、土地、农田被污染（图1-48）。

图1-48 "6·21"氢氟酸罐车侧翻碰撞事故现场图

（1）酸性液体。例如，氯化铁溶液（UN 2582）（图1-49）。

（2）碱性液体。例如，固体氢氧化钠（UN 1823）（图1-50）。

图1-49 氯化铁刻蚀电路板

图1-50 氢氧化钠固体

（3）腐蚀性毒性液体。例如，氢氟酸（UN 1790，含氟化氢不高于60%）（图1-51）。

（4）腐蚀性易燃液体。例如，甲酸（UN 1779，按质量含酸大于85%）（图1-52）。

图1-51 氢氟酸

图1-52 甲酸运输桶

9. 杂项危险物质和物品的危险性

第9类危险货物包含在运输过程中未列入其他类别的危险性物质和物品，种类较为繁杂。因此，第9类危险货物的危险性也十分复杂。一些货物具有释放易燃气体或有毒气体的风险，一些货物具有燃烧爆炸的风险，还有一些货物具有对水生环境造成污染的风险。

💡 **案例分析**

深圳市龙岗区运输废旧蓄电池货车起火事故

图1-53 深圳市龙岗区运输废旧蓄电池货车起火事故现场图

2022年1月12日，京港澳高速公路湖北武汉往湖南长沙方向路段一辆厢式货车因起火停在应急车道上。经过消防救援人员数个小时全力扑救将火势全部扑灭，事故未造成人员受伤（图1-53）。该厢式货车上装载的磷酸铁锂动力蓄电池模块为第9类危险货物，车辆在行驶过程中发生了自燃。

（1）白石棉（UN 2590）（图1-54）。

（2）锂离子电池（UN 3480）（图1-55）。

图1-54　石棉手套

图1-55　笔记本电脑锂电池

（3）救生设备，自动膨胀式（UN 2990）（图1-56）。

图1-56　汽车安全气囊

小知识

问题：第9类危险货物（杂项危险货物和物品）是1~9类中危险性最小的吗？

回答：这种说法是错误的。并不是第1类爆炸品危险性最大，第9类的危险性最小。之所以归为第9类，是由于不方便使用前面1~8类的标准来描述其危险特性，相当于"其他"危险类别。

033

第三节　危险货物的管理

一、危险货物运输安全防控体系

据初步调研，我国危险货物生产地与使用需求地严重分离，产销分布不均，导致约95%的危险货物需要异地运输，"两头在外"（即原材料和产品都是危险化学品且需要外运）的情况较为普遍。

以油品运输为例（图1-57），我国通过船舶进口的原油，在山东、浙江、广东等省份进行炼化，形成汽油等产品，再运输到全国各地。另一方面，煤炭资源丰富的山西、陕西等省份，以煤为原料生产甲醇，然后运输到江苏、浙江等省份，作为甲醛、二甲醚、醋酸等化工产品生产的原料。

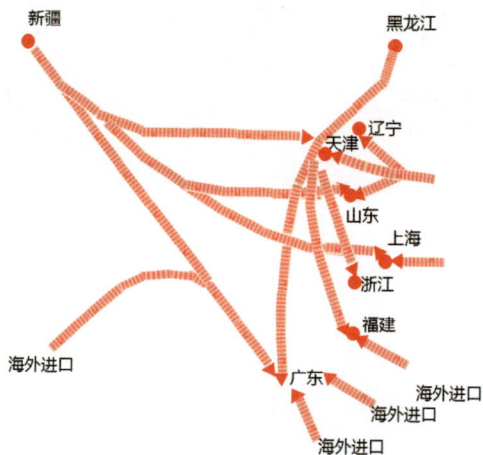

图1-57　我国油品运输主要通道

根据ADR等国际经验，保障危险货物道路运输安全，在技术层面主要有以下四道防线（图1-58）。

第一道防线：分类分项。对危险货物分类分项是识别货物危险特性的关键，是运输安全防控体系的基础。如果分类分项有误，后面所有的防护措施都会南辕北辙。

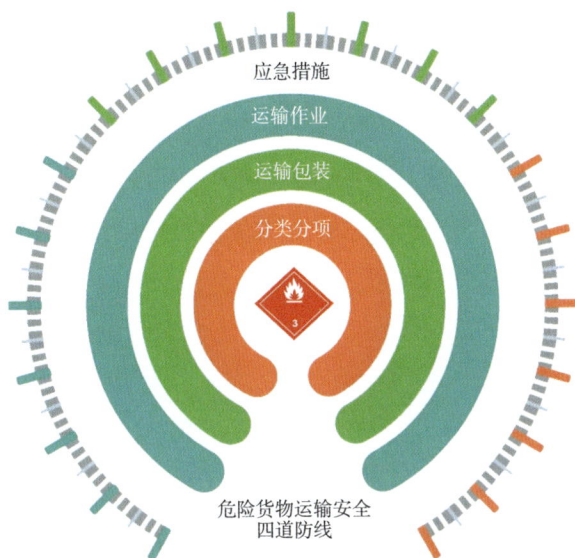

图1-58 危险货物运输安全"四道防线"

例如，某危险货物原来属于4.3项（遇水放出易燃气体的物质），可是分类时却被错误地划分为第3类（易燃液体）。如果该危险货物在运输过程中发生泄漏、燃烧，消防队员按照易燃液体常用的灭火方法，喷淋消防水进行灭火，将会进一步加重事故后果。

第二道防线：运输包装。我们去动物园看老虎（具有伤人的危险性），为什么不怕老虎伤人呢？因为有坚固的笼子控制了老虎的危险性。与此类似，危险货物本身具有危险性，而运输包装就是控制其危险性的"笼子"。只要我们按照标准要求，选用坚固可靠的运输包装，危险货物运输事故的发生概率将被控制在人们可接受的程度。

第三道防线：运输作业。以动物园转移老虎为例，在运输过程中，一是需要选择安全可靠的车辆，二是给笼子加上锁并在车上固定好，三是谨慎驾驶。如果车辆技术不过关、笼子没有固定好，或者驾驶员疲劳驾驶，就极易发生侧翻、追尾等事故；而剧烈的撞击可能会将笼子破开，导致老虎逃出来伤人。与此类似，在危险货物运输作业过程中，我们需要选择安全技术状况良好的车辆，将货物在车上做好固定、栓系，在行驶过程中不要超速、疲劳驾驶。

第四道防线：应急措施。还是以动物园转移老虎为例，在运输过程中，驾驶员需要随车携带麻醉枪等安全防护工具，一旦出现老虎逃出笼子的情况，需要用麻醉枪射击老虎，等其睡着后重新放回笼子。与此类似，在危险货物运输过程中，我们需要随车携带安全卡，以及灭火器、防护服、堵漏垫等应急救援器材，一旦发生泄漏、燃烧等事故，可以快速处置，避免将小事故酿为大灾难。

💡案例分析

乏燃料道路运输

核能发电是一种重要的清洁能源。国家统计局数据显示，2020年中国核能发电量为3662.5亿kW·h，同比上升5.14%。核电站的核反应堆使用过的核燃料，又称乏燃料。乏燃料在核电站水池中浸泡处理一段时间后，需要从核电站运输到后处理厂进行处理，由于乏燃料具有高放射性，其运输过程的安全保障非常重要。如何保障其运输安全呢？可分为以下几个方面。

第一道防线：分类分项。

乏燃料含有铀、钚等放射性元素，在特定条件下会发生危害极大的链式裂变反应。根据《放射性物质安全运输规程》（GB 11806）、JT/T 617等标准，乏燃料属于第7类危险货物，UN编号为3328，正式运输名称为"放射性物质B（U）型货包，易裂变的"。

第二道防线：运输包装。

通常情况下，一个乏燃料的货包总质量为120t（图1-59），其中乏燃料仅10t左右，包装容器质量约110t，这110t的容器，主要包括以下部分。

（1）外壳：厚达12~38cm，一般由不锈钢制成，主要起支撑和保护铅屏蔽作用。

（2）容器内部格架：用来分隔每个乏燃料组件，使其在运输过程中避免相互碰撞损坏和防止临界反应。

图1-59　乏燃料运输包装

（3）减振器：为保护运输容器免受直接冲击，往往在容器顶部和底部装有减振器。在发生事故时，它能产生变形从而吸收能量，以保护容器及内装的乏燃料免遭损坏。

乏燃料包装容器从设计、生产到投用前，除了需要经过各国核安全监管机构的一系列严格的审批外，在实际使用前，还要历经四个严苛的试验（图1-60）。

（1）跌落试验。从9m高处自由跌落到坚硬的地面，不会发生泄漏（图1-61）。在试验过程中，坚硬地面通常选择水泥混凝土地面，并在上面再放置4cm的钢板。

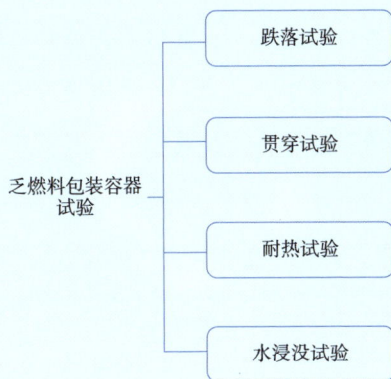

图1-60　乏燃料包装容器试验

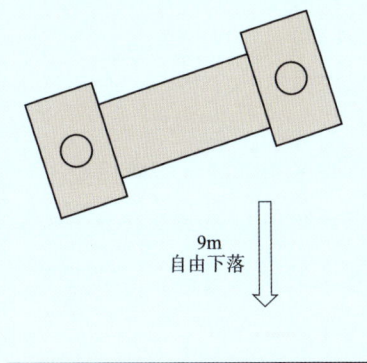

图1-61　乏燃料运输包装跌落试验

（2）贯穿试验。从1m的高度自由跌落在穿刺物上，不会破碎或断裂（图1-62）。

（3）耐热试验。经受800℃、持续10min的耐热试验，被火焰完全吞没，不会熔化或弥散（图1-63）。

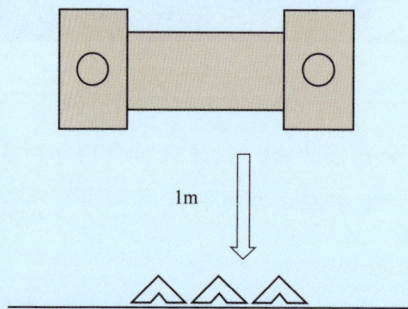

图1-62　乏燃料运输包装贯穿试验

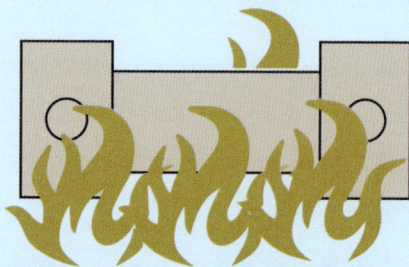

图1-63　乏燃料运输包装耐热试验

（4）水浸没试验。在模拟海水中水深200m处浸没8h，不会泄漏（图1-64）。

图1-64　乏燃料运输包装海水浸泡试验

由此可见，有了这样高安全性能的包装容器，即使在运输过程中发生车辆侧翻、追尾、着火、落水等极端情况，包装容器仍能够把乏燃料这个"老虎"紧紧地关在"笼子"里，不会出现辐射危害。

第三道防线：运输作业。

乏燃料运输车辆通常装设隔热层和自然通风装置，采用温度控制性能优良的阻燃材料，并在货箱地板面上装设二次缓冲装置，进一步保证车辆平稳运行。

在运输过程中，运输线路须由公安部门审批，并且全程押运、严格控制车速（图1-65）。在车辆技术保障方面，每运行两小时停车检查车辆一次，每天对车辆全面检查一次，确保车辆不存在安全隐患。在辐射监测方面，在起运前、沿途各省的第一个停靠点、到达地均需进行辐射监测，确保没有辐射危害。

图1-65　乏燃料押送运输

第四道防线：应急措施。

按照国家有关规定，托运人应制定完善的乏燃料道路运输核应急预案，并报国家有关部门审批。在起运之前，运输企业应按照应急预案的要求，对驾驶员、操作人员进行运输安全及核防护相关知识的培训，随车配备辐射监测设备、车辆维修设备等应急器材装备。在乏燃料运输过程中，托运人应采用北斗卫星定位和卫星通信等先进技术随时监控乏燃料运输状况，确保一旦出现险情，应急指挥中心能第一时间掌握事故情况，并根据应急预案及时采取有效措施，快速处置。

20多年来，正是这四道防线的有效实施，没有出现过一次乏燃料运输泄漏事故，确保了乏燃料的道路运输安全，为我国核电事业健康发展做出了重要贡献。其他类型的危险货物，虽然其危险性相比乏燃料要低一些，但保障运输安全的思路是一致的，即构筑符合其危险特性的四道防线。

二、危险货物运输各相关方的责任

危险货物道路运输的主要参与方包括托运人、承运人、装货人、驾驶员。其相互关系如图1-66所示。

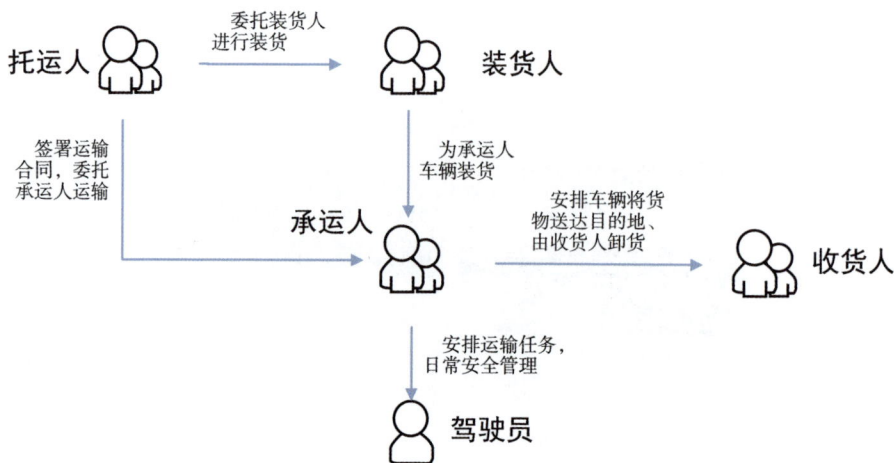

图1-66　危险货物运输主要参与方

1. 托运人

托运人是指委托承运人运输危险货物的企业或者单位。通常托运人通过运输合同、装货单等方式，与承运人约定运输任务。

托运人的职责如图1-67所示。

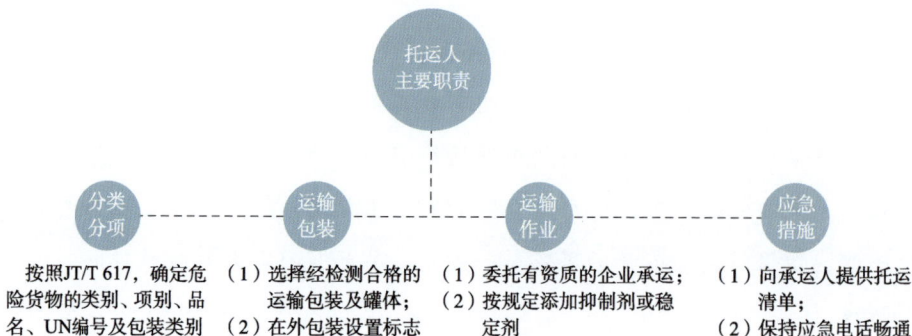

分类分项	运输包装	运输作业	应急措施
按照JT/T 617，确定危险货物的类别、项别、品名、UN编号及包装类别	（1）选择经检测合格的运输包装及罐体；（2）在外包装设置标志	（1）委托有资质的企业承运；（2）按规定添加抑制剂或稳定剂	（1）向承运人提供托运清单；（2）保持应急电话畅通

图1-67　托运人主要职责

2. 承运人

承运人的职责如图1-68所示。

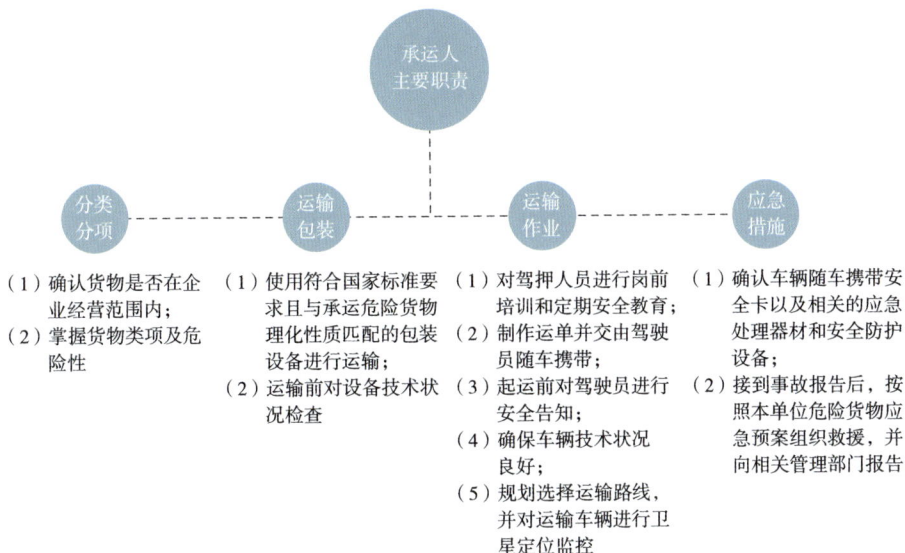

承运人
主要职责

分类
分项

（1）确认货物是否在企业经营范围内；
（2）掌握货物类项及危险性

运输
包装

（1）使用符合国家标准要求且与承运危险货物理化性质匹配的包装设备进行运输；
（2）运输前对设备技术状况检查

运输
作业

（1）对驾押人员进行岗前培训和定期安全教育；
（2）制作运单并交由驾驶员随车携带；
（3）起运前对驾驶员进行安全告知；
（4）确保车辆技术状况良好；
（5）规划选择运输路线，并对运输车辆进行卫星定位监控

应急
措施

（1）确认车辆随车携带安全卡以及相关的应急处理器材和安全防护设备；
（2）接到事故报告后，按照本单位危险货物应急预案组织救援，并向相关管理部门报告

图1-68　承运人主要职责

3. 装货人

装货人的职责如图1-69所示。

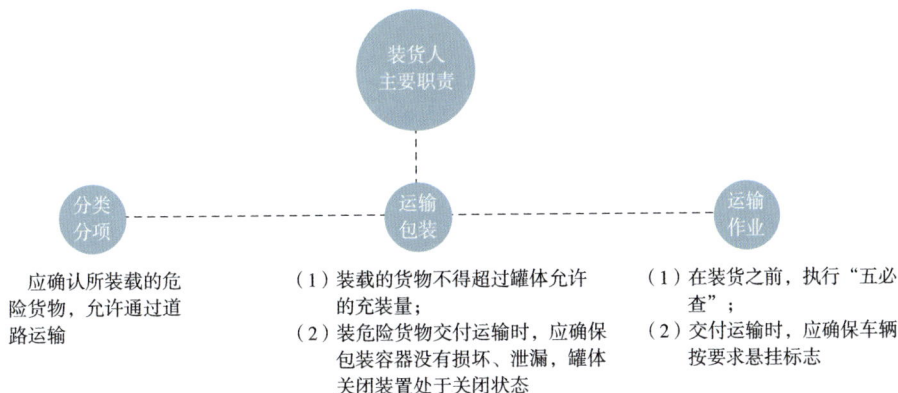

装货人
主要职责

分类
分项

应确认所装载的危险货物，允许通过道路运输

运输
包装

（1）装载的货物不得超过罐体允许的充装量；
（2）装危险货物交付运输时，应确保包装容器没有损坏、泄漏，罐体关闭装置处于关闭状态

运输
作业

（1）在装货之前，执行"五必查"；
（2）交付运输时，应确保车辆按要求悬挂标志

图1-69　装货人主要职责

4. 驾驶员

驾驶员的职责如图1-70所示。

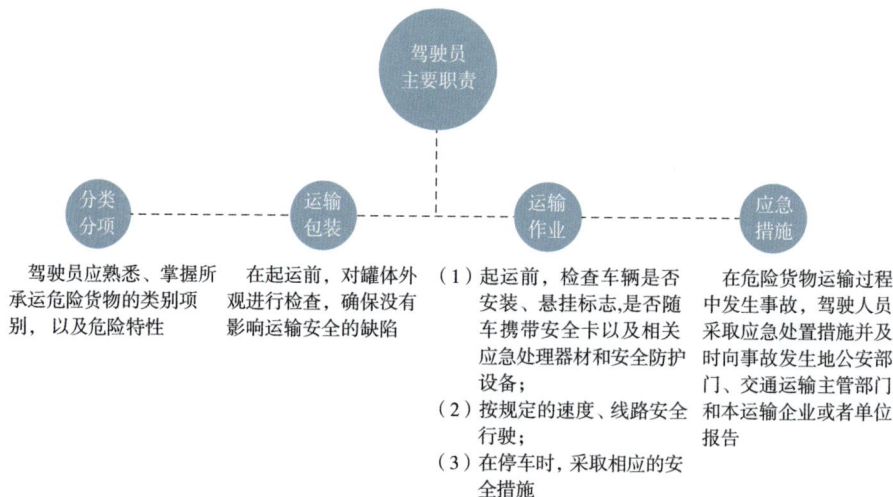

图1-70　驾驶员主要职责

归纳起来，危险货物运输主要参与方的职责见表1-4。

危险货物运输各方责任　　　　　　　　　　　表1-4

参与方	托运人	承运人	装货人	驾驶员
分类分项	确定货物类别、项别、品名、UN编号及包装类别	确认货物符合经营许可范围，根据托运清单掌握货物危险特性	确认装载危险货物道路运输合规性	熟悉、掌握承运危险货物的类别项别、危险特性
运输包装	选择运输包装，合理设置危险货物标志	使用符合要求的运输包装，并在运输前做好检查	确保包装容器、罐体运输前安全状态	起运前进行罐体外观检查
运输作业	委托具有相应运输资质的企业承运；按照规定添加抑制剂或稳定剂，并告知承运人	对从业人员定期开展教育培训；制作运单，行车前进行安全告知、安全检查，选择运输路线及对车辆进行定位监控	装货前执行"五必查"，确认车辆标志正确悬挂	起运前检查车辆标志、安全卡、应急处置器材和安全防护设备配备情况；按规定路线行驶，停车采取安全措施
应急措施	提供托运清单和应急电话	为车辆配备安全卡、应急处理器材和安全防护设备，参与事故应急救援并上报	—	发生事故时，根据安全卡的要求采取应急处置措施，并及时向企业、主管部门报告

案例分析

山东滨州高新区"8·7"较大危化品违法运输事故

2017年8月7日13时46分左右，滨州高新区辖区内205国道与高新区新四路交叉口以北约50m处，发生一起危化品运输罐车自行爆炸事故，波及周边车辆和行人，共造成5人死亡，11人受伤，直接经济损失约1100万元。

依据调查报告，相关参与方都存在相应的违规行为。

1. 托运人

托运人主要有以下违规行为：

（1）包装使用错误，违规使用罐车运输，未按要求采用聚乙烯桶；

（2）多次委托不具备运输过氧化二叔丁基资质的车辆运输该货物；

（3）未将该货物危险特性、应急措施等告知承运物流企业。

由此，托运人副经理、负责物流工作人员涉嫌危险物品肇事罪，被警方刑事拘留。

2. 承运人

承运人主要有以下违规行为：

（1）超资质范围营运，所承运的危险货物不在许可范围内；

（2）在获得过氧化二叔丁基危险货物安全技术说明书后，未熟悉、了解相关安全信息；

（3）所安排承运的车辆不具备运输过氧化二叔丁基危险货物的条件；

（4）对驾驶员和押运员的岗前培训和定期安全教育不到位。

由此，乘运人法人代表涉嫌危险物品肇事罪，被警方刑事拘留。

3. 装货人

装货人对进入厂区装卸危险货物的车辆资质审查缺失，多次违规给不具备安全运输条件的危险货物罐车充装货物。

由此，该公司法人代表、销售经理、出库员，被警方刑事拘留。

4.驾驶员

驾驶员没有认真查看装货人发放的过氧化二叔丁基危险货物运输包装方式，没有核实驾驶车辆核载范围，多次违规运输超资质范围的3类危险货物甲基叔丁基醚和5类危险货物过氧化二叔丁基，对事故发生负有直接责任。

由此，驾驶员被建议处以4万元罚款，吊销其道路危险货物运输从业人员从业资格证。

三、危险货物运输豁免

危险货物品名表主要来源于联合国TDG。有的危险货物，可能在空运（高空、密闭空间等环境下）或海运（运输时间长、潮湿密闭等环境下）时危险性较大，但在道路运输时（运输时间相对较短）危险性相对较小。按照"兼顾运输安全和运输效率"的原则，对于一些在道路运输环节危险性较低的货物，可以豁免部分运输要求。豁免情况主要包括以下几种。

1.有限数量及例外数量豁免

有些危险货物是在日常生活中经常遇到的，示例见表1-5。

有限数量及例外数量豁免示例　　　　表1-5

商品示例	商品名称	主要成分	危险货物类别	联合国编号	常见容量
	油漆	树脂	3	1263	5L
	84消毒液	次氯酸盐溶液	8	1791	0.5~5L

上面这些危险货物，本身危险性较低且使用量很大，如果完全按照危险货物运输管理，需要具有许可资质的企业、车辆、人员来运输，整个物流成本将会很高，效率则会很低。因此，按照《危险货物道路运输安全管理办法》及JT/T 617，在运输包装、包装标志都符合标准要求，单个包装质量不大（质量通常不超过5L或5kg）、车辆载运货物总质量（含包装）不超过8t的情况下，可以按照普通货物运输。

例外数量和有限数量危险货物的判定流程、包装要求、运输要求相关内容请扫描本书封面二维码查看。

2. 特殊规定豁免

有些货物，当浓度较低或特定包装或形状时，道路运输风险不大，按照《危险货物道路运输安全管理办法》及JT/T 617.3的有关特殊规定（表1-6），可以按照普通货物运输。

特殊规定豁免示例 　　　　　　　　　　　　表1-6

危险货物示例	商品名称	主要成分	类别项别	联合国编号	说明
75%浓度医用酒精	乙醇溶液	3	1170	特殊规定601：加工及包装成用于零售及批发给个人或家庭消费的医药产品（如药物、内服药），则不受JT/T 617.1~JT/T 617.7限制，可以按照普通货物运输
手机充电宝	锂离子电池	9	3480	特殊规定188：对于锂离子电池组，额定能量值不超过100W·h，不受JT/T 617.1~JT/T 617.7限制，可以按照普通货物运输。（适用此种情形的锂离子电池组，应在外壳标明单位为瓦特小时的额定能量值）

3. 政策文件规定的豁免

《道路危险货物运输管理规定》规定，交通运输部可以根据相关行业协会的申请，经组织专家论证后，统一公布可以按照普通货物实施道路运输管理的危险货物。按照此条规定，交通运输部相继发布了限量瓶装二氧化碳、瓶装氮气、瓶装氟利昂类制冷气体，以及医用核磁共振检测仪等豁免公告。

以限量瓶装二氧化碳为例，《交通运输部关于进一步规范限量瓶装二氧化碳气体道路运输管理有关事项的通知》（交运发〔2016〕61号）提出，为促进限量瓶装二氧化碳气体安全、便利运输，更好地满足社会需要、降低运输物流成本，根据《道路危险货物运输管理规定》及有关单位申请，经研究决定，对国家标准《危险货物品名表》（GB 12268）所列二氧化碳（UN 1013），符合以下条件时，在道路运输环节豁免，可按照普通货物进行管理：

（1）使用符合国家特种设备安全技术规范《气瓶安全技术监察规程》（TSG R0006）[❶]的气瓶运输二氧化碳气体，单个气瓶公称容积不超过50L，每个运输单元所运输的二氧化碳总质量不超过500kg。

（2）从事限量瓶装二氧化碳气体运输的企业应当按照《限量瓶装二氧化碳气体豁免条件下的道路运输指南》要求，对驾驶员进行培训，使用符合要求的车辆进行运输，做到轻装轻卸及妥善固定，确保气瓶阀门关闭，出现泄漏或者交通事故等紧急情况时，应当按照程序进行紧急处置。

（3）托运人及其他参与方应当切实履行《限量瓶装二氧化碳气体豁免条件下的道路运输指南》规定的责任和义务。

为便于读者查询，本书梳理了目前有效的危险货物道路运输政策文件中有关的豁免条目，详细清单见附录一。

---

❶　《气瓶安全技术监察规程》（TSG R0006）已于2021年6月1日废止，由《气瓶安全技术规程》（TSG 23—2021）代替。

第二章

危险货物运输包装

第一节 小型包装

小型包装是指所装载的货物净质量不超过400kg（装载固体危险货物或物品时），或者包装容积不超过450L（装载液体时）的危险货物运输包装（图2-1）。

图2-1 小型包装图片示意图

一、小型包装的分类

小型包装可按照以下几种方式进行分类。

（1）按照形状分为：桶、罐、箱、袋等（图2-2）。

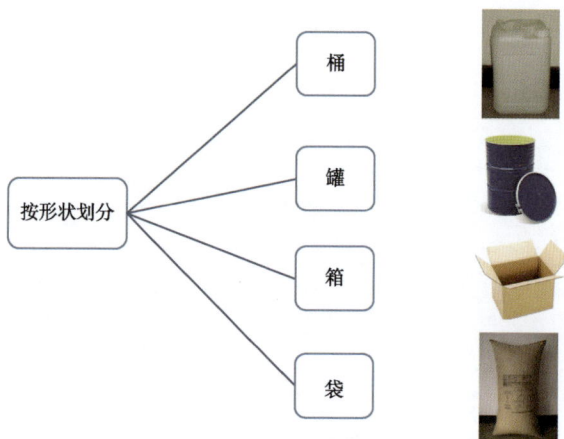

图2-2 小型包装按形状划分示意

（2）按照包装材料分为：钢、铝合金、纤维板、塑料等（图2-3）。

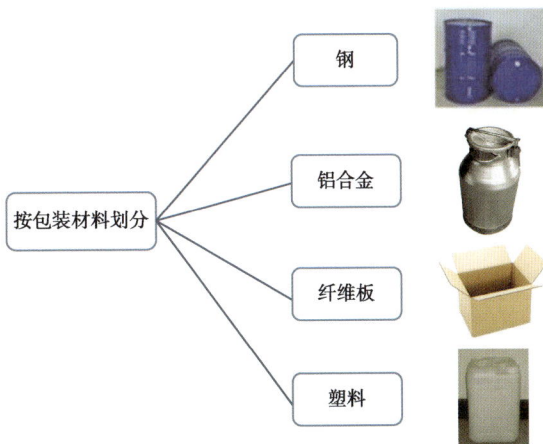

图2-3　小型包装按包装材料划分示意

（3）按照顶盖密封方式分为：顶部不可拆卸和顶部可拆卸（图2-4）。

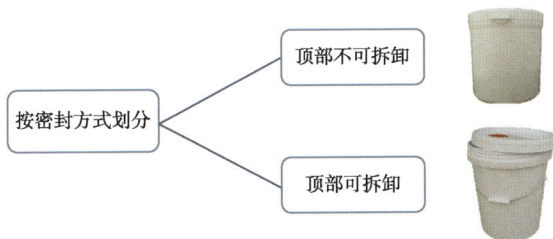

图2-4　小型包装按密封方式划分示意

（4）按照组合方式分为：单一包装、组合包装和复合包装（图2-5）。

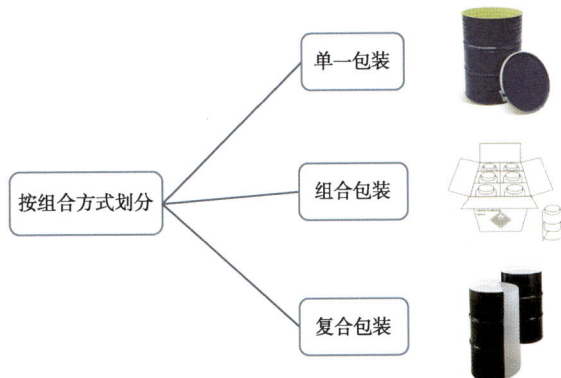

图2-5　小型包装按组合方式划分示意

组合包装通常是指一个外包装加上多个内包装组成的一个包装组合，其目的是便于运输和装卸作业。例如，图2-5中的组合包装，其外包装是纤维板箱，内装了6个玻璃瓶。

复合包装是指由一个外包装和一个内容器（或复合层）组成一个整体的包装。该包装经装配后便成为单一整体，以用于充装、储存、运输和卸空。例如，图2-5中的复合包装，其外包装是钢桶，内容器是塑料桶。

综合以上分类因素，为便于使用，为每种类型的包装分配了一个代码，见表2-1。

小型包装代码表 表2-1

种类	材料	类别	代码
1. 圆桶	A. 钢	不可拆卸桶顶	1A1
		可拆卸桶顶	1A2
	B. 铝	不可拆卸桶顶	1B1
		可拆卸桶顶	1B2
	D. 胶合板	—	1D
	G. 纤维板	—	1G
	H. 塑料	不可拆卸桶顶	1H1
		可拆卸桶顶	1H2
	N. 钢或铝以外的金属	不可拆卸桶顶	1N1
		可拆卸桶顶	1N2
2. 罐	A. 钢	不可拆卸桶顶	3A1
		可拆卸桶顶	3A2
	B. 铝	不可拆卸桶顶	3B1
		可拆卸桶顶	3B2
	H. 塑料	不可拆卸桶顶	3H1
		可拆卸桶顶	3H2
3. 箱	A. 钢	—	4A
	B. 铝	—	4B

续上表

种类	材料	类别	代码
3.箱	C.天然木	普通	4C1
		箱壁防撒漏	4C2
	D.胶合板	—	4D
	F.再生木	—	4F
	G.纤维板	—	4G
	H.塑料	泡沫塑料	4H1
		硬塑料	4H2
4.袋	L.纺织品	无内衬或涂层	5L1
		防撒漏	5L2
		防水	5L3
	H.塑料编织	无内衬或涂层	5H1
		防撒漏	5H2
		防水	5H3
	H.塑料薄膜	—	5H4
	M.纸	多层	5M1
		多层防水	5M2
5.复合包装	H.塑料材料	在钢桶中	6HA1
		在钢板条箱或钢箱中	6HA2
		在铝桶中	6HB1
		在铝板条箱或铝箱中	6HB2
		在木箱中	6HC
		在胶合板桶中	6HD1
		在胶合板箱中	6HD2
		在纤维桶中	6HG1
		在纤维板箱中	6HG2
		在塑料桶中	6HH1
		在硬质塑料箱中	6HH2
	P.玻璃、陶瓷或粗陶瓷材料	在钢桶中	6PA1
		在钢板条箱或钢箱中	6PA2
		在铝桶中	6PB1

续上表

种类	材料	类别	代码
5.复合包装	P. 玻璃、陶瓷或粗陶瓷材料	在铝板条箱或铝箱中	6PB2
		在木箱中	6PC
		在胶合板桶中	6PD1
		在柳条筐中	6PD2
		在纤维桶中	6PG1
		在纤维板箱中	6PG2
		在膨胀塑料包装中	6PH1
		在硬质塑料包装中	6PH2

常见包装举例如下。

（1）1A1（带有不可拆卸桶顶的圆钢桶）（图2-6），可盛装乙醇溶液（UN 1170）、煤焦油馏出物（易燃的）（UN 1136）、磷化铝（固态）（UN 1397）等危险货物。

（2）1A2（带有可拆卸桶顶的圆钢桶）（图2-7），可盛装盐酸（氢氯酸）（UN 1789）、柴油抗静电剂（易燃液体，未另作规定的）（UN 1993）等危险货物。

图2-6　带有不可拆卸桶顶的圆钢桶

图2-7　带有可拆卸桶顶的圆钢桶

（3）4G（纤维板箱）（图2-8），可盛装锂电池（UN 3480）等危险货物。

（4）5H3（防水的塑料编织袋）（图2-9），可盛装活性炭（UN 1362）、亚硝酸钠（固态）（UN 1500）等危险货物。

（5）6HA1（由塑料内容器与外钢桶组成复合容器）（图2-10），可盛装磷化铝（固态）（UN 1397）等危险货物。

图2-8　纤维板箱

图2-9　防水的塑料编织袋

图2-10　由塑料内容器与外钢桶组成复合容器

二、小型包装的安全性能要求

包装是危险货物运输安全防控体系的重要环节，包装安全性能的好坏，直接决定了运输安全保障水平。

按照现有标准，包装需经过严格的安全性能测试，才能进行使用。包装试验主要包括：跌落试验、密封性试验、液压试验和堆码试验。

1.跌落试验

将危险货物包装（内装液体或固体样品），从一定高度跌落到冲击板（通常为放在水泥地面上的钢板），内装物不得从包装中泄漏出来，也不能出现影响运输安全的破损（图2-11）。

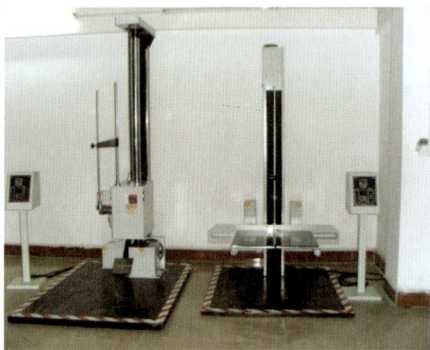

图2-11　跌落试验设备

（1）对于相对密度（相对于水的密度）≤1.2的液体，跌落高度见表2-2。

跌落试验相对密度（相对于水的密度）≤1.2的液体跌落高度要求　表2-2

Ⅰ类包装	Ⅱ类包装	Ⅲ类包装
1.8m	1.2m	0.8m

（2）对于相对密度（相对于水的密度）>1.2的液体（相对密度为d），跌落高度见表2-3。

跌落试验相对密度（相对于水的密度）>1.2的液体跌落高度要求　表2-3

Ⅰ类包装	Ⅱ类包装	Ⅲ类包装
$d \times 1.5$m	$d \times 1.0$m	$d \times 0.67$m

如果包装的跌落试验不通过就开始使用，在运输过程中一旦发生意外（例如包装从车上跌落），极易造成包装的损坏，进而造成内装危险货物的泄漏。如果内装的危险货物具有毒性等危害性，将对周边人员造成极大的伤害。

💡 **案例分析**

兰州某驾驶员搬运三氯丙酮塑料桶跌落泄漏事故

2016年11月15日，甘肃兰州一驾驶员在搬运一个装有约250kg三氯丙酮的塑料桶时，不慎跌落导致近200kg的三氯丙酮液体泄漏，驾驶员因眼睛被灼伤而住院（图2-12）。

图2-12　三氯丙酮泄漏

三氯丙酮属于危险货物，联合国编号为UN 3390，运输名称为"吸入毒性液体，腐蚀性，未另做规定的"，主要危险性为6类、次要危险性为8类，包装类别为Ⅰ类。通常情况下，三氯丙酮密度为1.512g/mL。

按照跌落试验要求，装载三氯丙酮的塑料桶应通过高度为2.268m（1.512×1.5=2.268m）跌落试验，该高度远高于货车底板高度。

也就是说，如果该事故中装载三氯丙酮的塑料桶严格按照标准要求进行跌落试验，这起事故极大可能可以避免。

2. 气密性试验

对于拟装运液体的危险货物包装，应进行气密性试验（也称为密封性试验）（图2-13）。试验方法是将危险货物包装钳制在水面下5min，同时向内部施加一定的空气压力；如果试验过程中，没有气体从包装中泄漏出来，则表示测试通过。

图2-13 气密性试验设备

对于不同包装类别的危险货物，试验施加的空气压力（表压）见表2-4。

不同包装类别的危险货物，空气压力要求 表2-4

Ⅰ类包装	Ⅱ类包装	Ⅲ类包装
≥ 30kPa	≥ 20kPa	≥ 20kPa

3. 液压试验

对于拟装运液体的危险货物包装，应进行液压试验（也称为内压性试验，图2-14）。试验方法是将通过试验机向危险货物内包装连续、均匀地施加压力，缓慢地升至相应的试验压力，然后保持一段时间（塑料包装、塑料复合包装应保持30min，其他包装应保持5min）；试验结束后，包装不得有泄漏。

液压试验的试验压力，按照内装危险货物的蒸气压等条件确定。当无法查到货物的蒸气压时，最低试验压力可按表2-5进行试验。

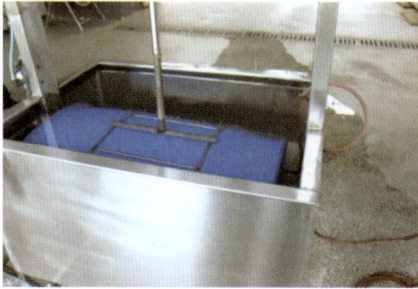

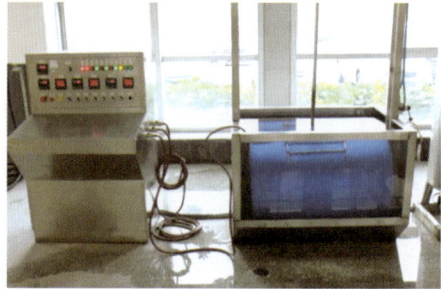

图2-14 液压试验设备

液压试验不同类别包装最低试验压力要求 表2-5

Ⅰ类包装	Ⅱ类包装	Ⅲ类包装
≥ 250kPa	≥ 100kPa	≥ 100kPa

4. 堆码试验

除袋装危险货物以外，大多数包装应进行堆码试验（图2-15）。试验方法是在试样顶部堆码一定数量的包装件，堆码的最小高度为3m、堆码的包件数量、总质量应与运输工况保持一致；也可在其顶部表面施加一定均匀分布的载荷。试验时间至少为24h；对于塑料桶、罐和复合容器等用于装运液体时，应在不低于40℃的高温下放置28天。试验结束后，包装不得有泄漏。

图2-15 堆码试验设备

三、小型包装的标记

通过前述安全试验的包装，应对相应技术指标进行标记（图2-16），便于托运人选择合适的包装。

包装的标记主要包括以下7个部分（图2-17）。

（1）UN 符号。UN 符号是用于证明包装是按照联合国TDG相关标准的生产、制造的。

图2-16 小型包装标记示意图

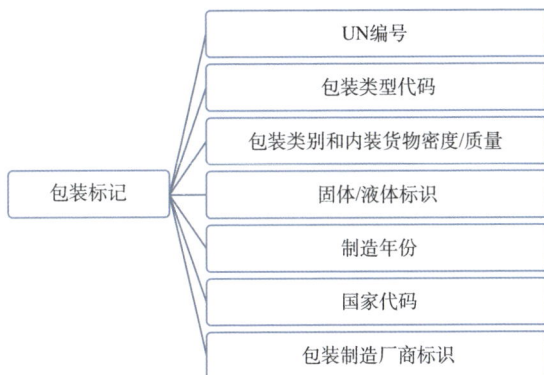

图2-17 包装标记内容

（2）包装类型代码。第一部分，包装容器标记代号，用阿拉伯数字表示：1-圆桶；2-（保留）；3-罐；4-箱；5-袋；6-复合包装。

第二部分，包装材质标记代号，用大写英文字母表示：A-钢；B-铝；C-天然木材；D-胶合板；F-再造木板；G-纤维板；H-塑料；L-纺织品；M-多层纸；N-钢或铝以外的金属；P-玻璃或陶瓷。

（3）包装类别和内装货物密度/质量。第一个字母表示该包装适用的危险货物包装类别。X 表示可以内装包装类别 Ⅰ 、Ⅱ 和 Ⅲ 的货物；Y 表示可以内装包装类别 Ⅱ 和 Ⅲ 的货物；Z表示可以内装包装类别 Ⅲ 的货物。

字母后面可以附带一个数字。对于拟装固体或内包装的，该数字表示最大装载质量；对于拟装液体的，该数字表示可以装载的液体的最大相对密度（相对于水的密度；如果<1.2，可以省略不标注）。

（4）固体/液体标识。如果该包装适装固体危险货物，则用S表示；如果该包装适装危险货物为液体，用千帕表示其能够承受的液压试验压力（单位为kPa，向下取整至最近的10kPa）。

（5）制造年份。该包装制造年份，用两位阿拉伯数字表示。

（6）国家代码。该包装批准国家的代码，例如CN表示中国。

（7）包装制造厂商标识。制造厂商所在的地区及厂商代码。

下面分别以胶合板箱和钢桶为例，对标记各参数含义举例说明。

例1. 胶合板箱（图2-18）

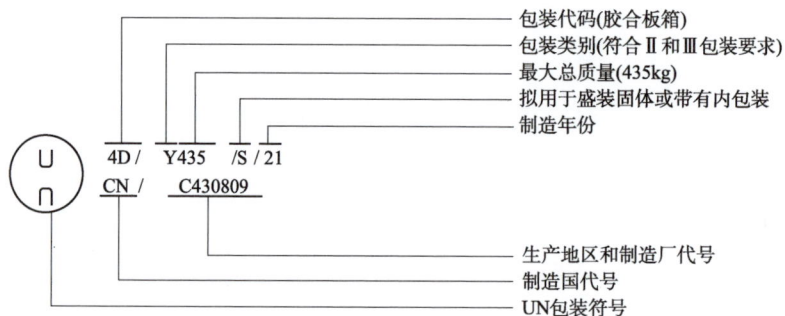

图2-18　胶合板箱标记示例

标记各含义为：

（1）UN 符号。

（2）包装类型代码。4D表述胶合板箱。

（3）包装类别和内装货物密度/质量。Y435表示该包装可以装载内装包装类别Ⅱ 和 Ⅲ的货物，对于固体货物的最大总质量为435kg。

（4）固体标识。"S"表示该胶合板箱适装固体危险货物。

（5）制造年份。该包装的制造年份为2021年。

（6）国家代码。CN表示中国。

（7）包装制造厂商标识。C430809：制造厂商标识代码。

例2. 不可拆卸顶盖的钢桶（图2-19）

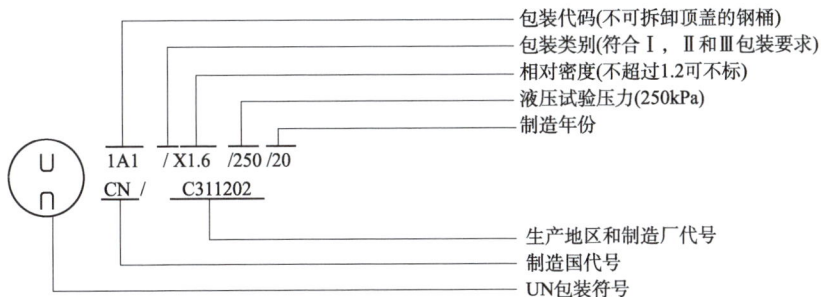

图2-19　不可拆卸顶盖的钢桶标记示例

标记各部分含义为：

（1）UN 符号。

（2）包装类型代码。1A1表示不可拆卸顶盖的钢桶。

（3）包装类别和内装货物密度/质量。X1.6表示该包装可以装载内装包装
类别Ⅰ、Ⅱ和Ⅲ的货物，货物（液体）的最大相对密度为1.6。

（4）液体标识。能够承受的液压试验压力为250 kPa。

（5）制造年份。该包装的制造年份为2020年。

（6）国家代码。CN表示中国。

（7）包装制造厂商标识。C311202：制造厂商标识代码。

四、小型包装的使用要点

1. 包装的选型

我要运输某种危险货物，如何选择包装呢？可按照图2-20所示步骤进行
选择。

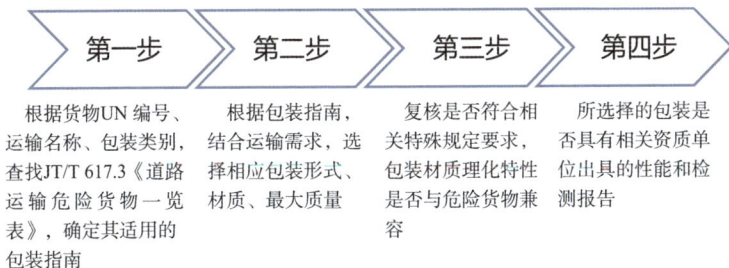

图2-20　小型包装选用流程

小知识

问题1：三氯三氟丙酮的包装如何选择呢？

回答：三氯三氟丙酮为6.1项有机毒性液体，未另作规定的，UN 2810，包装类别为Ⅲ类。根据《道路运输危险货物一览表》，其通过查找包装指南可选择P001。查《危险货物道路运输规则 第4部分：运输包装使用要求》（JT/T 617.4—2018，以下简称JT/T 617.4）的P001，可选择组合包装：内包装为玻璃瓶（不超过10L），外包装为纸箱（4G），包装总质量不超过400kg。

问题2：四氧化锇的包装如何选择呢？

回答：四氧化锇为6.1项毒性物质（固体），UN 2471，包装类别Ⅰ类。是剧毒化学品。根据《道路运输危险货物一览表》，其通过查找包装指南可选择P002，查JT/T 617.4，可选择桶装运输，其特殊规定PP30规定不可选择纸箱，所以可选择钢桶，最大净重超过400kg。

2. 包装的使用

1）包装质量合格

（1）一般质量要求。

新的、再次使用的、修复过的和改制的包装应足够坚固，能够承受仓储搬运、运输、周转时遇到的冲击和载荷。包装应结构合理、具有良好的密封性，能够防止正常运输过程中由于振动，以及温度、湿度或压力的变化（如因海拔不同所致）引起的任何内装货物损失。

包装与危险货物直接接触的各个部位：

①不应由于危险货物的影响导致其强度明显减弱。

②不应在包件内造成危险效应，例如，促使危险货物起反应或与危险货物起反应。

③在正常的运输条件下不会发生危险货物渗透情况。

④必要时，与危险货物直接接触的各个部位可有适当的内涂层或经过适当的处理。

（2）运输不同形态的危险货物时的包装质量要求。

①盛装液体的包装，在第一次运输之前，或在改制、重新制造后应进行气密（密封性）试验，并能够达到《公路运输危险货物包装检验安全规范》（GB 19269—2009）中7.2.2所规定的试验水平。在进行这项试验时，包装不必装有自己的封闭装置。如果试验结果不会受到影响，复合包装的内包装可在不用外包装的情况下进行试验。组合包装的内包装可免于试验。

②当运输固体危险货物时，如果该固体危险货物在运输过程中可能变为液体，则装载该物质的包装，也应具备装载液态物质的能力。

③用于装粉末或颗粒状物的包装，应防撒漏或配备衬里。

④当使用冰作为冷却剂时，不应影响包装的完好性。

2）充装液体危险货物的包装充装度

当包装装载液体时，应留有足够的膨胀空间，以防止在运输过程中因温度变化引起液体膨胀而导致容器渗漏或永久变形。具体要求见表2-6。

最大充装度　　　　　　　　　　　　　　　　　　　　表2-6

物质的沸点 T （开始沸腾的温度点，℃）	$T < 60$	$60 \leqslant T$ < 100	$100 \leqslant T$ < 200	$200 \leqslant T$ < 300	$T \geqslant 300$
充装度 （容器体积的百分数，%）	90	92	94	96	98

一般情况下，液体在55℃时不得完全充满容器；在15℃时，最大充装度按表2-6或式（2-1）计算。

$$F = \frac{98}{1 + \alpha_1(50 - t_F)} \qquad （2-1）$$

式中：F——充装度，%；

　　　t_F——液体充装时的平均温度，℃；

　　　α_1——液体物质在15～50℃之间体积膨胀的平均系数，也就是35℃时体积的最大增加量；α_1可根据式（2-2）求出。

$$\alpha_1 = \frac{d_{15} - d_{50}}{35 \times d_{50}} \qquad (2\text{-}2)$$

式中：d_{15}——液体在15℃时的相对密度，kg/m³；

　　　d_{50}——液体在50℃时的相对密度，kg/m³。

3）充装后包装检查

（1）内包装应合理放置在外包装中，应能确保在正常运输条件下，内包装不会破裂、被刺穿或内装物渗漏到外包装中。用玻璃、陶瓷或某些塑料等材料制成的易于破裂或易被刺破的内包装，应使用合适的衬垫材料固定在外包装中。如果内装物发生泄漏，衬垫材料或外包装的保护性能不应因泄漏受到破坏。

（2）如果组合包装的外包装在配装多个型号的内包装时均通过试验，则这些不同型号的内包装也可合装在此外包装中。此外，在满足下列条件之一，并确保安全性能水平不下降的情况下，可以对内包装做局部变更，无须另做包装试验：

当满足下列要求时，使用尺寸相同或较小的内包装：

①内包装的设计与试验过的内包装相似（例如形状为圆形、长方形等）；

②内包装的制造材料（玻璃、塑料、金属等）承受冲击或堆码的能力等于或者大于原先试验过的内包装；

③内包装有相同或较小的开口，封闭装置设计相似（如螺旋帽、摩擦盖等）；

④用足够多的垫衬材料充装空隙，防止内包装明显移动；

⑤内包装在外包装中放置的方向与试验过的包件相同；

⑥可使用较少数量经过试验的内包装，或上述的替代型号内包装，但应用足够的衬垫材料充装空隙防止内包装明显移动。

（3）如果危险货物与其他货物之间会发生危险化学反应并可能造成如下后果，则不得装在同一个外包装内：

①燃烧或放出大量的热；

②放出易燃、毒性或窒息性气体；

③产生腐蚀性物质；

④产生不稳定物质。

（4）装有潮湿或稀释物质的包装，其封闭装置应能保证液体（水、溶剂或减敏剂）的浓度在运输过程中不会下降到规定的限值以下。

（5）装运液体危险货物的包装，应能够承受正常运输过程中液体对包装的内部压力。如果包装所装运的危险货物在某些条件下（例如温度升高等原因）释放气体，但不具有毒性、易燃性等危险特性，导致包装内产生压力，则可在包装或中型散装容器上安装一个通气孔。在正常运输条件下，通气孔应能防止液体泄漏、异物渗入等情况发生。

（6）在装货和移交运输之前，托运人应检查每个包装，确保无腐蚀、污染或其他破损。当包装强度与批准的设计类型相比有下降时，不应使用或应予以修复使之能够通过设计类型试验。

（7）液体应装入能够承受其正常运输条件下可能产生的内部压力的包装中。

4）空包装管理

除非已采取适当措施消除危险性，否则装载过危险货物的空包装，应与装有该物质的包装适用相同要求。

第二节 气 瓶

气瓶是指公称容积不大于3000L，用于盛装气体的移动式压力容器。

一、气瓶的分类

1.气瓶分类

气瓶可按以下情况进行分类。

图2-21　无缝气瓶

（1）气瓶按瓶体结构可分为：无缝气瓶（图2-21）、焊接气瓶（图2-22）、纤维缠绕气瓶（图2-23）、低温绝热气瓶、内装填料气瓶。

（2）气瓶按公称工作压力可分为：高压气瓶和低压气瓶（图2-24）。

图2-22　焊接气瓶

图2-23　纤维缠绕气瓶

（3）气瓶按公称容积可分为：小容积气瓶、中容积气瓶、大容积气瓶（图2-25）。

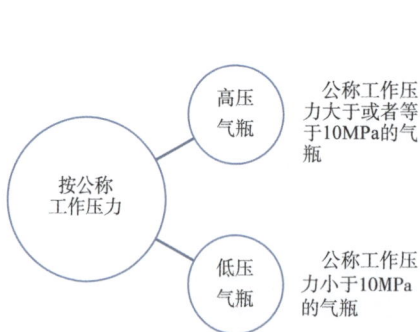

图2-24　气瓶分类（按工作压力）

按公称工作压力
高压气瓶——公称工作压力大于或者等于10MPa的气瓶
低压气瓶——公称工作压力小于10MPa的气瓶

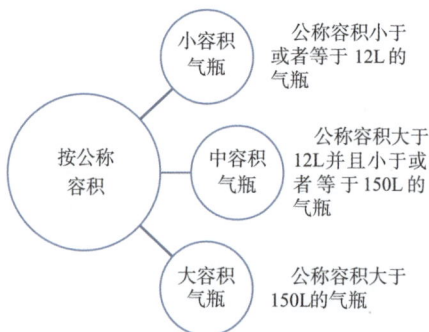

图2-25　气瓶分类（按容积）

按公称容积
小容积气瓶——公称容积小于或者等于12L的气瓶
中容积气瓶——公称容积大于12L并且小于或者等于150L的气瓶
大容积气瓶——公称容积大于150L的气瓶

（4）气瓶按用途可分为：工业用气瓶、医用气瓶、燃气气瓶、车用气瓶、呼吸器用气瓶和消防灭火用气瓶。

按照《气瓶安全技术规程》（TSG 23—2021），气瓶结构品种及代号见表2-7。

气瓶结构品种及代号　　　　　表2-7

气瓶结构及代号		气瓶品种及代号	
结构	代号	品种	代号
无缝气瓶（中小容积无缝气瓶、大容积无缝气瓶）	B1	钢质无缝气瓶、汽车用压缩天然气钢瓶	B1-1
		铝合金无缝气瓶	B1-2
		不锈钢无缝气瓶	B1-3
		长管拖车、管束式集装箱用大容积钢质无缝气瓶	B1-4
焊接气瓶（中小容积钢质焊接气瓶、大容积钢质焊接气瓶、工业用非重复充装焊接钢瓶、液化石油气钢瓶）	B2	钢质焊接气瓶、不锈钢焊接气瓶	B2-1
		工业用非重复充装焊接钢瓶	B2-2
		液化石油气钢瓶、液化二甲醚钢瓶、车用液化石油气钢瓶、车用液化二甲醚钢瓶	B2-3
纤维缠绕气瓶（金属内胆缠绕气瓶、非金属内胆缠绕气瓶）	B3	小容积金属内胆纤维缠绕气瓶	B3-1
		金属内胆纤维环缠绕气瓶（含车用）	B3-2
		金属内胆纤维全缠绕气瓶（含车用）	B3-3
		长管拖车、管束式集装箱用大容积金属内胆纤维缠绕气瓶	B3-4
		塑料内胆纤维全缠绕气瓶（含车用）	B3-5
低温绝热气瓶	B4	焊接绝热气瓶	B4-1
		车用液化天然气气瓶	B4-2
内装填料气瓶	B5	溶解乙炔气瓶	B5-1
		吸附气体气瓶	B5-2

2. 气瓶附件

气瓶附件是指与气瓶瓶体直接相连，具有安全保护或者防护功能的气瓶

图2-26 气瓶附件示意图

组件或者仪表（图2-26）。

气瓶附件主要包括：

（1）气瓶安全附件，包括气瓶阀门（含组合阀门，简称瓶阀）、安全泄压装置、紧急切断阀等；

（2）气瓶保护附件，包括固定式瓶帽、保护罩、底座、颈圈等；

（3）安全仪表，包括压力表、液位计等。

二、气瓶的安全性能要求

按照现有相关标准，气瓶需经过严格的性能检测，才能进行使用。

1. 无损检测

无损检测的方法、比例、技术要求以及合格级别等由气瓶设计者在设计文件中确定。气瓶的无损检测方法包括射线检测、超声检测、磁粉检测、渗透检测和涡流检测等。

2. 硬度检测

经过调质处理的钢质无缝气瓶、不锈钢无缝气瓶和铝合金无缝气瓶，应当逐只进行硬度测定，测定结果应当符合相关气瓶产品标准的要求。其中，中小容积钢质无缝气瓶硬度应当采用在线自动检测设备进行检测（图2-27）。

3. 耐压试验

气瓶制造完成后，应当进行耐压试验。耐压试验的方法可以采用液压试验或者气压试验。采用气压方式进行耐压试验时，应当具有可靠的安全防护设施，并且制定包含升压程序和保证操作安全的作业文件。

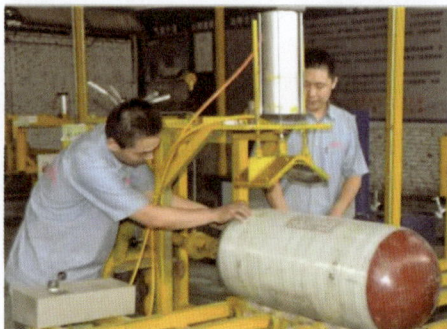

图2-27 硬度检测现场图

耐压试验压力要求见表2-8。

耐压试验压力要求　　　　　　　　　表2-8

气瓶结构	耐压试验	
	水压	气压
无缝气瓶	1.5 倍公称工作压力	—
焊接气瓶		1.5 倍公称工作压力
纤维缠绕气瓶		—
低温绝热气瓶 （含汽车用液化天然气气瓶）	2 倍公称工作压力	
工业用非重复充装焊接钢瓶	—	介质在 60℃时的饱和蒸气压与 2.3MPa 二者的大值
溶解乙炔气瓶	5.2MPa	

4. 气密试验

盛装有毒、易燃、助燃、腐蚀性介质的气瓶，安装瓶阀后应当进行气密性试验（图2-28）。

试验介质应采用干燥、洁净的空气、氮气或其他与受试气瓶盛装气体性质相容的，对人体无毒、无腐蚀性和不燃气体（车用气瓶除外）。

气密性试验优先选用浸水法进行气密性试验。浸水法试验要求如下：

（1）将充以试验压力气体的受试气瓶

图2-28　气密性试验设备示意图

放入试验水槽中，使受试气瓶任何部位离水面不小于5cm；

（2）受试气瓶浸水时间不少于1min，待受试气瓶在水槽内稳定后，目视检查各部位有无出现气泡。

气密性试验压力要求见表2-9。

气密性试验压力要求   表2-9

气瓶结构	气密性试验
无缝气瓶	公称工作压力
焊接气瓶	
纤维缠绕气瓶	
低温绝热气瓶（含汽车用液化天然气气瓶）	
工业用非重复充装焊接钢瓶	—
溶解乙炔气瓶	3MPa

5. 气瓶的设计使用年限

气瓶制造单位应当明确气瓶的设计使用年限，并且在设计文件和制造标志上注明（表2-10）。常用气瓶瓶体的设计使用年限应当满足表2-10的规定。对于维护状态良好并通过安全评估的钢质无缝气瓶或者铝合金气瓶的实际使用年限可以延长至30年，燃气气瓶的实际使用年限可以延长至12年。

常用气瓶的设计使用年限   表2-10

序号	气瓶品种	设计使用年限（年）
1	钢质无缝气瓶	20
2	铝合金无缝气瓶	
3	溶解乙炔气瓶以及吸附式天然气钢瓶	
4	长管拖车、管束式集装箱用大容积钢质无缝气瓶	20
5	钢质焊接气瓶	
6	燃气气瓶	8
7	焊接绝热气瓶	20
8	汽车用液化天然气气瓶、车用压缩氢气铝内胆碳纤维全缠绕气瓶	10
9	汽车用压缩天然气钢瓶、车用液化石油气钢瓶、车用液化二甲醚钢瓶	15
10	金属内胆纤维缠绕气瓶（不含车用氢气瓶）	
11	盛装腐蚀性气体或者在海洋等易腐蚀环境中使用的钢质无缝气瓶、钢质焊接气瓶	12

三、气瓶的标志

气瓶标志主要包括制造标志、定期检验标志以及警示标签。

1. 气瓶制造标志

（1）气瓶的钢印标志（图2-29）是识别气瓶的重要依据，标志的排列方式和内容应当符合《气瓶安全技术规程》（TSG 23）及相应标准的规定；小容积气瓶制造标志的内容可以参照《气瓶安全技术规程》（TSG 23）的规定。

图2-29　气瓶制造标志示意图

以盛装LPG的气瓶为例，制造单位应在气瓶封头上压印内凹的盛装介质、制造年份、产权单位。如图2-30所示，盛装介质为LPG，制造年份为2017年，产权单位为百福。

（2）电子识读标志。氢气气瓶、纤维缠绕气瓶、燃气气瓶等的制造单位，需在出厂的气瓶上设置可追溯的永久性电子识读标志。

钢质燃气气瓶上设置的电子识读标志应直接镂刻或焊接在护罩上，并

图2-30　盛装LPG的气瓶制造标志示意图

且确保在钢瓶使用年限内不可更换并能有效识读。电子识读标志应当能够通过手机扫描方式链接到制造单位建立的气瓶产品公示平台，直接获取每只气瓶的产品信息数据。

（3）气瓶外表面的颜色标志、字样和色环。气瓶外表面的颜色标志、字样和色环，应当符合《气瓶颜色标志》（GB/T 7144）的要求，如图2-31所示。

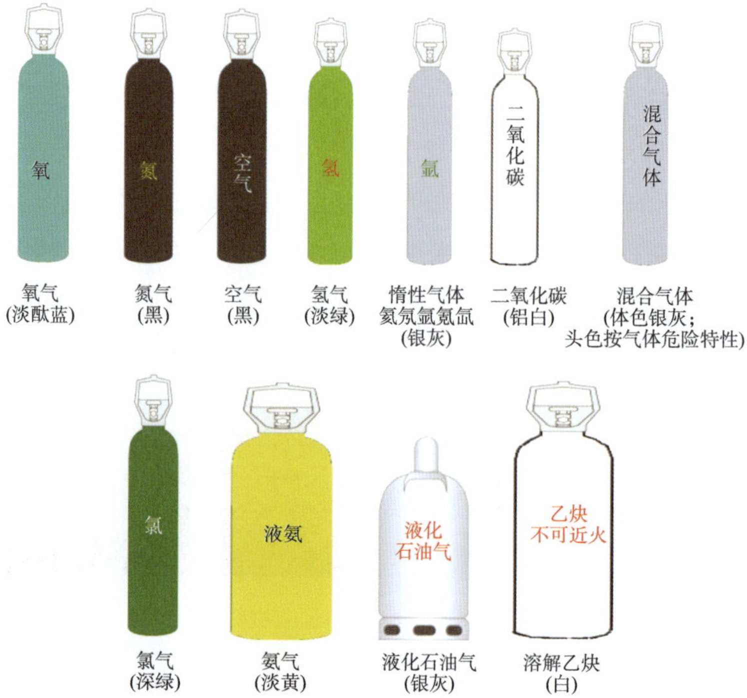

氧气 (淡酞蓝)	氮气 (黑)	空气 (黑)	氢气 (淡绿)	惰性气体 氦氖氩氪氙 (银灰)	二氧化碳 (铝白)	混合气体 (体色银灰； 头色按气体危险特性)

氯气 (深绿)	氨气 (淡黄)	液化石油气 (银灰)	溶解乙炔 (白)

图2-31　气瓶颜色标志示意图

2. 气瓶定期检验标志

气瓶定期检验标志的标记方式，应当符合《气瓶安全技术规程》（TSG 23）的规定。气瓶定期检验机构应当在检验合格的气瓶上逐只做出永久性的检验合格标记，涂敷检验机构名称和下次检验日期（无法涂敷的气瓶可用检验标志环代替），并且在电子识读标志对应的数据库中录入检验信息（图2-32）。

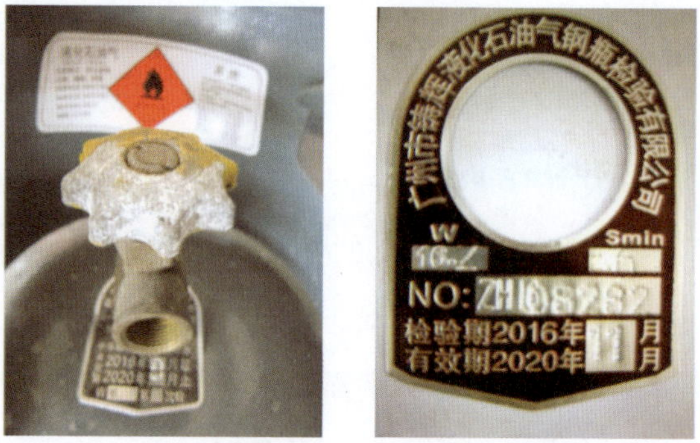

图2-32　液化石油气气瓶检验标志示意图

3. 气瓶警示标签

气瓶充装单位应当在充装的气瓶上粘贴气瓶警示标签，警示标签的式样、制作方法及应用应当符合《气瓶警示标签》（GB/T 16804—2011）的规定（图2-33）。

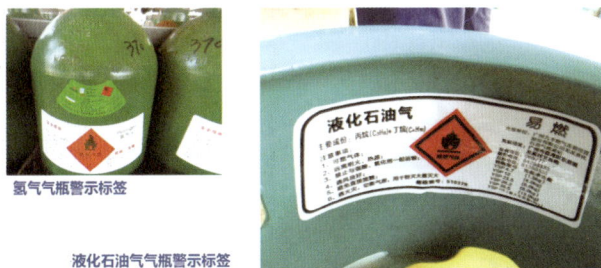

图2-33　气瓶警示标签示意图

四、气瓶的使用要点

首先，应根据所承运的介质选择相应的气瓶，并确定气瓶在检验有效期内。其次，按照JT/T 617.4的P200特殊规定，检查使用是否符合要求。最后，在使用前应对气瓶进行安全检查，没有碰撞变形或其他损伤，表面应无锈铁，保护层完好，标识清晰。

第三节　中型散装容器

中型散装容器（IBC）是一种容积介于包装桶和罐体之间的包装容器（图2-34）。通常情况下，IBC具备以下3个特征：

（1）容积在450L与3m³之间（对于包装类别I的固体，若装在柔性、硬塑料、复合、纤维板和木制中型散装容器，容积不大于1.5m³）；

（2）设计适用于机械装卸；

（3）能经受装卸和运输中产生的各种应力，该应力由试验确定。

一、中型散装容器的分类

根据容器结构和材质的不同，可分为：金属IBC、木质IBC、柔性IBC、纤维板IBC、复合IBC、刚性塑料IBC（图2-35、图2-36）。

图2-34 中型散装容器示意图

图2-35 金属中型散装容器

图2-36 刚性塑料中型散装容器

为快速识别容器类型，现有标准为每种类型的中型散装容器分配一个代码。中型散装容器的代码主要由两部分组成。

第一部分：两位阿拉伯数字表示中型散装容器的类型（表2-11）。

中型散装容器的形式表示表 表2-11

类型	固体卸货方式		液体
	依靠重力	使用大于 10kPa 的压力	
刚性	11	21	31
柔性	13	—	—

第二部分：一个或多个大写英文字母表示材质。对于复合中型散装容器，在编码的第二部分依次标上两个大写英文字母。第一个大写英文字母表示中型散装容器的内容器的材料；第二个大写英文字母表示中型散装容器的外包装的材料；对于塑料IBC，编织物IBC，后面再加一位阿拉伯数字表示其细分类型。A-钢（所有类型及表面处理）；B-铝；C-天然木材；D-胶合板；F-再生木材；G-纤维板；H-塑料材料；L-编织物；M-多层纸；N-金属（除钢和铝之外）。

常见中型散装容器类型和代码见表2-12。

常见中型散装容器类型和代码列表 表2-12

材质	类型	代码
A. 钢	装固体，靠重力装货或卸货	11A
	装固体，靠压力装货或卸货	21A
	装液体	31A
B. 铝	装固体，靠重力装货或卸货	11B
	装固体，靠压力装货或卸货	21B
N. 金属 （钢、铝除外）	装固体，靠重力装货或卸货	11N
	装固体，靠压力装货或卸货	21N
	装液体	31N
H. 塑料 （柔性）	编织塑料，无涂层亦无衬里	13H1
	编织塑料，有涂层	13H2
	编织塑料，有衬里	13H3
	编织塑料，既有涂层又有衬里	13H4
	塑料薄膜	13H5

续上表

材质	类型	代码
L. 编织物	无涂层亦无衬里	13L1
	有涂层	13L2
	有衬里	13L3
	既有涂层又有衬里	13L4
M. 纸	多层纸	13M1
	多层纸防水	13M2
H. 刚性塑料	装固体,靠重力装卸货,装有机构装置	11H1
	装固体,靠重力装卸货,独立式的	11H2
	装固体,靠压力装卸货,装有机构装置	21H1
	装固体,靠压力装卸货,独立式的	21H2
	装固体,装有结构装置	31H1
	装液体,独立式的	31H2
HZ. 带有塑料内容器的复合中型散装容器	带有硬塑料内容器的复合中型散装容器,用于盛装靠重力装卸的固体	11HZ1
	带有软塑料内容器的复合中型散装容器,用于盛装靠重力装卸的固体	11HZ2
	带有硬塑料内容器的复合中型散装容器,用于盛装靠加压装卸的固体	21HZ1
	带有软塑料内容器的复合中型散装容器,用于盛装靠加压装卸的固体	21HZ2
	带有硬塑料内容器的复合中型散装容器,用于盛装液体	31HZ1
G. 纤维板	装固体,靠重力装货卸货	11G
C. 天然木	装固体,靠重力装货卸货并带有内衬	11C
D. 胶合板	装固体,靠重力装货卸货并带有内衬	11D
F. 再生木	装固体,靠重力装货卸货并带有内衬	11F

注:以上代码中的字母 Z 应根据相关标准由一个大写英文字母取代,以表示外壳所使用材料的性质。

常见的中型散装容器举例如下：

（1）11A，材质为钢，装固体，靠重力装货或卸货（图2-37）。可盛装危险货物举例：七硫化四磷（不含黄磷和白磷）（UN 1339），包装指南IBC04。

（2）31A，材质为钢，装液体（图2-38）。可盛装危险货物举例：丙胺（UN 1277），包装指南IBC02；甲酸丙酯类（UN 1281），包装指南IBC02。

图2-37　装固体的钢质中型散装容器

（3）13H3，材质为塑料（柔性），编织塑料，有衬里（图2-39）。可盛装危险货物举例有：镁粉，或镁合金粉（UN 1418，包装类别Ⅲ），包装指南为IBC08。

图2-38　装液体的钢质中型散装容器

图2-39　柔性中型散装容器

二、中型散装容器的安全性能要求

为确保中型散装容器的各项技术指标达到相关要求，出厂后需对其进行多项性能测试，测试一般包括振动、底部提升、顶部提升、堆码、泄漏、液压、跌落测试等。以刚性塑料中型散装容器（31H1）为例，具体介绍如下。

性能试验项目、试验要点及要求见表2-13。

中型散装容器性能试验项目列表　　　　　　　　　　　　表2-13

项目	试验要点	要求
底部提升试验	加载质量为最大允许总质量的1.25倍，提升/降低两次	内装物无损失，IBC包括箱底托盘无任何危及运输安全的永久性变形
顶部提升试验	加载质量为最大允许总质量的2倍，提升并停留5min	
堆码试验	加载质量为最大允许总质量，放置平坦地面，施加分布均匀的试验负荷	
密闭性试验	使用不低于20kPa的表压，至少进行10min	无漏气
液压试验	使用不低于相关标准规定的压力，至少进行10min	无渗漏，也无任何危及IBC运输安全的永久性变形
跌落试验	跌落至刚性表面，确保撞击点为容器最脆弱部位	内装物无损失、跌落后如果有少量内装物从封口外渗出，只要无进一步渗漏，也应判为合格

三、中型散装容器的标记

通过前述安全试验的中型散装容器，应在中型散装容器上对相应技术指标进行标记，便于托运人选择合适的中型散装容器（图2-40）。

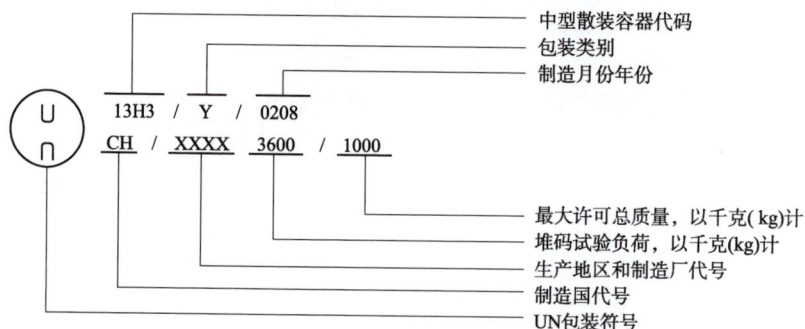

图2-40　中型散装容器标记

1. 一般要求

中型散装容器的标记主要包括7个部分：

（1）UN包装符号。UN符号是用于证明中型散装容器符合联合国TDG的规定。对金属包装，可用模压大写字母"UN"表示。

（2）中型散装容器代码。见本节"中型散装容器代码"。例如图2-35中13H3表示塑料中型散装容器。

（3）表示包装类别的字母。X 表示I级包装；Y 表示Ⅱ级包装；Z表示Ⅲ级包装。

（4）制造年份。制造月份和年份（最后两个数字）。例如，图2-35中0208，代表该包装的生产年份为2008年2月。

（5）国家代码。生产商所在国家代码，例如CN表示中国。

（6）中型散装容器的生产地和制造厂商标识。中型散装容器的生产地和制造厂商的代码。

（7）以千克（kg）表示的堆码试验负荷。对于设计上不能堆码的IBC，应写上数字"0"。

（8）最大许可总质量，对于柔性中型散装容器，应标明以千克（kg）表示的最大允许负荷。

2. 附加标记

中型散装容器除需做以上标记外，如有必要可增加附加标记，见表2-14。附加标记应牢固且易于检查。

中型散装容器附加标记　表2-14

附加标记	中型散装容器附加标记				
	金属	刚性塑料	复合	纤维板	木质
用升（L）表示容积，在20℃	+	+	+		
用千克（kg）表示质量（皮重）	+	+	+	+	+
用千帕（kPa）表示试验压力，如果适用时		+	+		
用千帕（kPa）表示最大装/卸货压力	+	+	+		
箱体材料及用毫米（mm）表示其最小厚度	+				
如果适用时，最后一次防渗透试验日期	+	+	+		
最后一次检验时间（月和年）	+	+	+		
生产商序号	+				

注：+——需要附加标记。

复合中型散装容器的外壳如是可拆卸的，每一可拆开部分应标出生产年月和生产商名称符号以及有关国家主管机关规定的其他标记。

四、中型散装容器的使用要点

在危险货物运输过程中，经常使用中型散装容器，运输某种危险货物，如何选择中型散装容器呢？选用流程可参考图2-41。

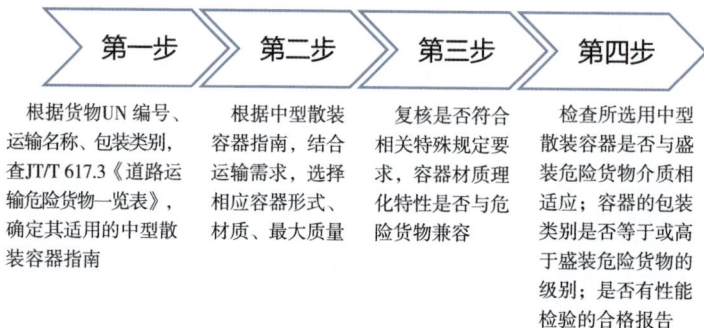

第一步	第二步	第三步	第四步
根据货物UN编号、运输名称、包装类别，查JT/T 617.3《道路运输危险货物一览表》，确定其适用的中型散装容器指南	根据中型散装容器指南，结合运输需求，选择相应容器形式、材质、最大质量	复核是否符合相关特殊规定要求，容器材质理化特性是否与危险货物兼容	检查所选用中型散装容器是否与盛装危险货物介质相适应；容器的包装类别是否等于或高于盛装危险货物的级别；是否有性能检验的合格报告

图2-41　中型散装容器选用流程

下列危险货物不允许使用中型散装容器装运：

（1）第2类、第6类和第7类危险货物；

（2）次要危险性为第2类、第6类和第7类的危险货物；

（3）蒸气压力在50℃时超过110kPa或55℃时超过130kPa的液体危险货物。

小知识

如何安全使用运输过氧化氢水溶液（含不少于20%，但不大于60%的过氧化氢）（UN 2014）的中型散装容器？

（1）选择与拟盛装的危险货物介质相容的材料制造的中型散装容器，可根据《道路运输危险货物一览表》进行查询确定。本例中盛装过氧化氢水溶液可选择的中型散装容器代码为31A，材质为钢。

（2）确保辅助设备应位置合理、保护得当，以防止在装卸运输中发生损坏而造成内装物溢漏。例如，盛装过氧化氢水溶液的IBC应配备在运输过程中能够排气的装置，排气装置的进气口应位于运输过程中IBC在最大充装条件下的蒸汽空间。因为，过氧化氢因其自然分解而不断释放氧气。如果没有这样的通风口，容易发生爆炸。

（3）充装过氧化氢时，应确保溶液不能装得过满，中型散装容器的充灌度不超过其总容量的98％。

（4）运输、装卸、堆存过程中，也应按照相关标准规范要求，确保使用的安全。

第四节　可移动罐柜

可移动罐柜是指一种适用于多式联运的罐体，在罐壳上装有运输危险货物所需的辅助设备和结构装置；当装运气体时，容积通常大于450L（图2-42）。

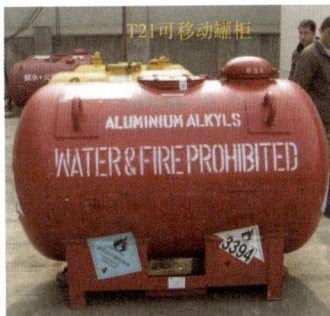

图2-42　可移动罐柜

一、可移动罐柜的分类

可移动罐柜可在不必拆卸结构设备的情况下充灌和卸货，因此其壳体外部应有牢固的结构部件，装满货后可被提升。罐体应配有方便机械作业的装置、构件和附件。可移动罐柜分类如图2-43所示。

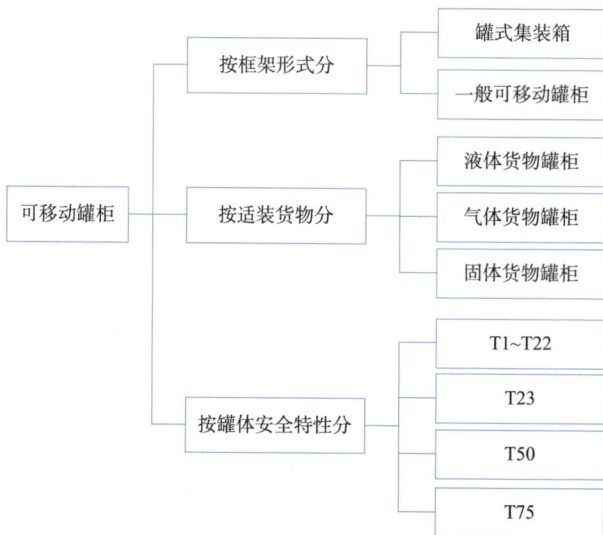

图2-43　可移动罐柜分类图

（1）按框架形式分，包括罐式集装箱和一般可移动罐柜。罐式集装箱是一种用于运输气体、液体、粉状或颗粒状物质，且符合集装箱定义的运输设备，由罐体、框架及其设备部件组成（图2-44）。

图2-44　罐式集装箱侧面和后端

（2）按适装货物分，包括液体货物可移动罐柜、气体货物可移动罐柜和固体货物可移动罐柜（图2-45）。

图2-45　液化天然气罐箱

（3）按罐体安全特性分，包括T1~T22，T23、T50和T75（表2-15）。

可移动罐柜导则　　　　　　　　　　　表2-15

代码	适装物质列表	备注
T1		最低试验压力 0.15MPa
T2		最低试验压力 0.15MPa
T3		最低试验压力 0.265MPa
T4		最低试验压力 0.265MPa
T5		最低试验压力 0.265MPa
T6		最低试验压力 0.4MPa
T7		最低试验压力 0.4MPa
T8		最低试验压力 0.4MPa
T9	适用于第 1 类和第 3 类~第 9 类液态和固态物质	最低试验压力 0.4MPa
T10		最低试验压力 0.4MPa
T11		最低试验压力 0.6MPa
T12		最低试验压力 0.6MPa
T13		最低试验压力 0.6MPa
T14		最低试验压力 0.6MPa
T15		最低试验压力 1MPa
T16		最低试验压力 1MPa
T17		最低试验压力 1MPa

续上表

代码	适装物质列表	备注
T18		最低试验压力 1MPa
T19		最低试验压力 1MPa
T20	适用于第 1 类和第 3 类～第 9 类液态和固态物质	最低试验压力 1MPa
T21		最低试验压力 1MPa
T22		最低试验压力 1MPa
T23	适用于 4.1 项自反应物质和 5.2 项有机过氧化物	—
T50	适用于非冷冻液化气体和加压化学品（UN 3500、3501、3502、3503、3504 和 3505）	—
T75	适用于冷冻液化气体	—

T20可移动罐柜及T50可移动罐柜如图2-46及图2-47所示。

图2-46　T20 可移动罐柜

图2-47　T50 非冷冻气体罐式集装箱

二、可移动罐柜的结构

以罐式集装箱为例，可移动罐柜结构如图2-48所示。

以罐式集装箱为例，主要结构见表2-16。

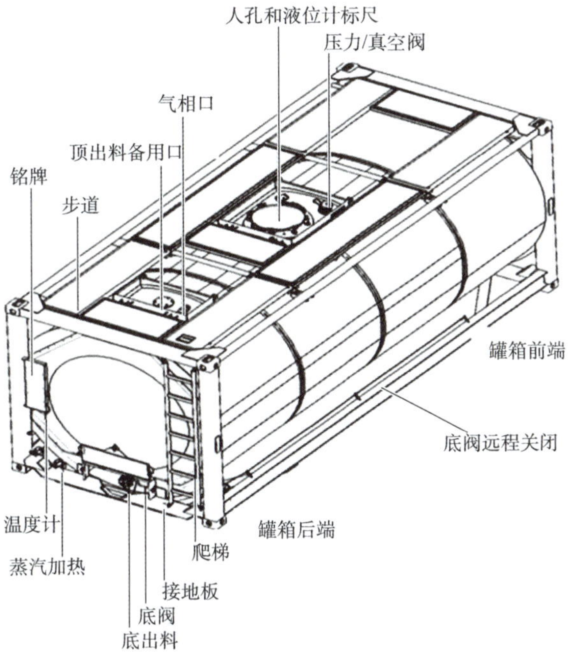

図2-48　罐式集装箱结构图

罐体各部位列表　　　　　　　　　　　　　　　表2-16

部位名称	说明	图示
罐体 （单罐 或多罐）	由专为装载货物用的单个或多个容器和管路以及为防止货物流动而设置的附件所组成的结构件	
框架	由罐体的底架、端框和所有承力构件组成的结构，用以传递由于罐式集装箱在起吊、搬运、固缚和运输中所产生的静载和动载	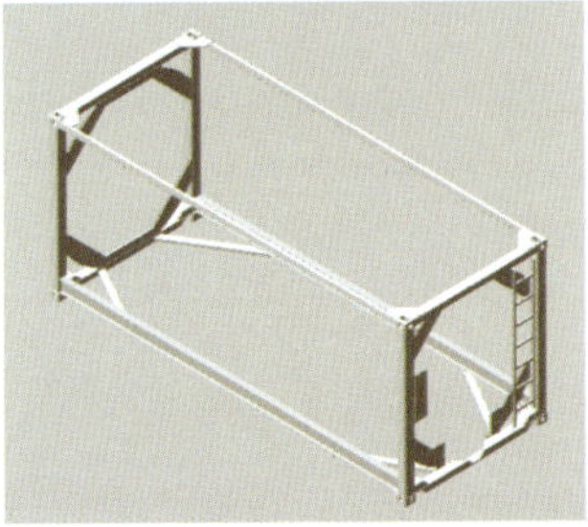

续上表

部位名称	说明	图示
人孔	为便于人对罐内各部件进行检查，大多在罐箱中部配置人孔	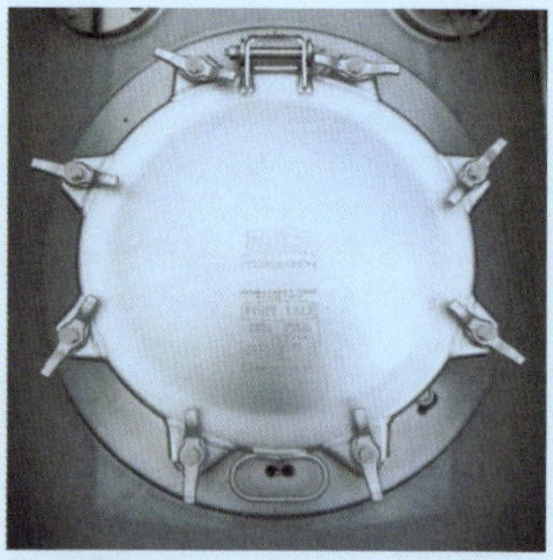
安全阀	当罐箱内压力升高超过规定值时，阀门开启并向系统外排放介质，防止罐内压力超过规定数值	
气相阀	此阀门用于在卸料或者检验时对罐体施加压力或排气。气相阀可安装压力表	

部位名称	说明	图示
底卸料阀	罐箱底卸料通常由紧急切断阀、蝶阀和 3in（英寸，1in=0.0254m）的 BSP 螺纹出口和盖帽组成	
底阀远程关闭	允许人员在罐体一侧安全的位置远程控制关闭底卸料阀	
防波板	当运输容积为 20%~80% 之间，且介质黏度小于 2680mm/s 时，需设置防波板，且防波板隔开容积不大于 7.5m^3	
溢流盒	用于保护罐体的阀件，罐箱一般设置两个溢流盒，溢流盒外部配有排水管	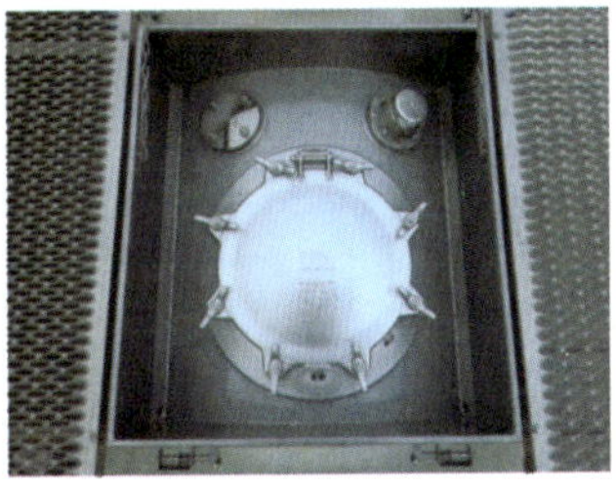

续上表

部位名称	说明	图示
梯子及步道	罐箱配有防滑梯子用于人便捷安全地抵达顶部；罐箱顶部配有防滑步道，便于人在罐箱顶部的操作安全	
扶手栏杆	可在罐箱步道旁边安装可折叠的扶手栏杆，降低人员从顶部坠落风险	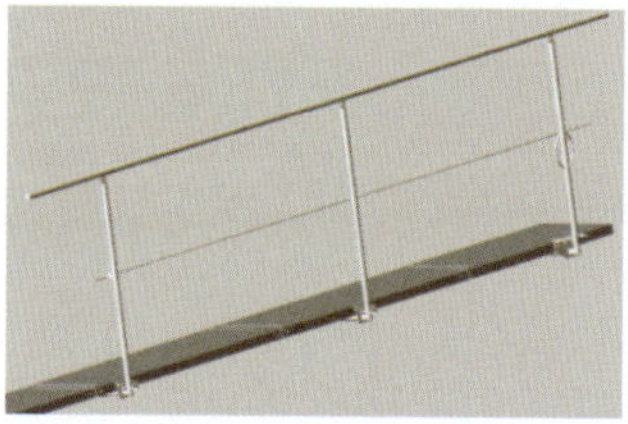
接地装置	用于连接导静电地线，采用不腐蚀且导电性好的金属	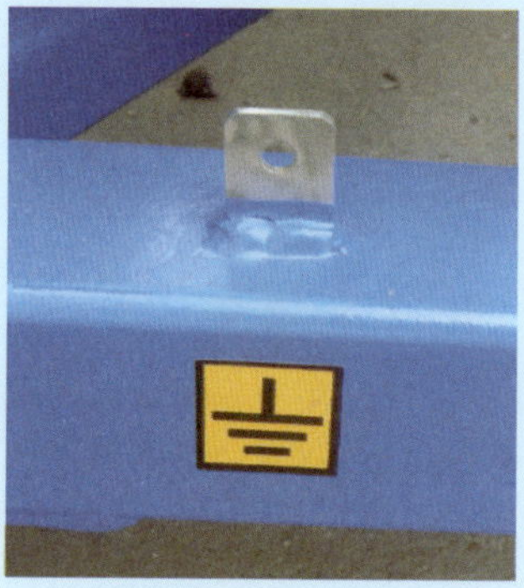

三、可移动罐柜的安全性能要求

1. 定型设计批准

可移动罐柜的定型设计批准又称型式认可，是指对图纸技术文件进行设计评估，并对样箱或实物进行检验和试验，确认其满足规定的要求后，对定型设计给予的认可（图2-49）。

可移动罐柜样箱认可证书
CERTIFICATE OF DESIGN TYPE APPROVAL FOR PORTABLE TANK

制造厂名称 Name of manufacturer	:				
制造厂地址 Address of manufacturer	:				
型号 Model	:		外部尺寸 Overall dimensions	: 3030 × 1953 × 2273 mm	
UN罐柜导则 UN portable tank instruction	: T21		最大营运总质量 Max. operating gross mass	: 10303	kg
空箱质量 Tare mass	: 3038	kg	最大允许载货量 Max. permissible payload	: 7265	kg
最大允许工作压力 M.A.W.P.	: 6	bar	试验压力 Test pressure	: 18.2	bar
内部容积（20℃时水容量） Volume (water capacity at 20℃)	: 7520	liters	设计温度 Design temperature	: –40~+70	℃
加热系统最大允许工作压力 M.A.W.P. of heating system	: ----	bar	舱室数量 No. of compartments	: 1	
外壳材料及名义厚度 Material & thk., jacket	: ----		（内）罐体材料及名义厚度 Material & thk.(inner)shell	16MnDR	
等效低碳钢厚度 Thk., equivalent mild steel	: ----		罐体有效厚度 Effective thk. of shell	:	
保温方式 Insulation type	无 Nil		最小安全排量 Min. safe vent capacity	: 1.517	Nm³/s
安全阀 Relief valves	:	DN80,1.33MPa,1pe			
爆破片/Rupture discs	: ----		易熔元件/Fusible elements	: 3/4"NPT,177℃,1pc	
总布置图号 G.A.Drawing No.	:		图纸批准号 Approval No. of drawings	:	
罐柜设计规则 Shell design code	: IMDG CODE, GB/T 150		其他 Others	: ----	
装运介质/Applicable cargo	: 烷基金属/ Alkyl Metal, UN3394				

认可依据/Applicable Regulations　　☒ — 适用/Applicable　　　　□ — 不适用/Not applicable
☒ 国际海运危险货物规则（IMDG）　　□ 危险货物国际道路运输欧洲公约/国际危险货物铁路运输规则（ADR/RID）

型式试验见附页/The prototype tests listed on the attached sheet.

　　兹证明本社对上述可移动罐柜的图纸和技术文件进行了审查，并对可移动罐柜进行了检验和试验，结果符合上述适用认可依据和本社"集装箱检验规范"的要求，特给予认可。

　　THIS IS TO CERTIFY that this Society has examined the drawings and technical documents of the above-mentioned portable tank and carried out the inspection and testing to the portable tank, and the results found to be in compliance with the above-mentioned Applicable Regulations and the requirements of the "Rules for Certification of Container". The Prototype Approval is hereby granted.

发证日期/Date of issue:　　2022年4月19日/April 19,2022

发证地点/Place of issue:　　青岛 /QINGDAO

Rev/ 202001

第1页，共2页/Page 1 of 2

图2-49　可移动罐柜认可证书示例

认可证书主要内容包括：

（1）制造厂商信息：名称及地址信息；

（2）可移动罐柜基础信息：型号、尺寸、UN 罐柜导则、总质量、空箱质量、最大允许载货质量、最大允许工作压力、试验压力、内部容积、设计温度、厚度、安全阀、总布置图号、图纸批准号、罐柜设计规则、装运介质等信息；

（3）认可依据：国际海运危险货物规则或危险货物国际道路运输公约或国际危险货物铁路运输规则等；

（4）认可结论：是否满足相关要求。

2. 制造检验

制造中的可移动罐柜应符合相关标准规范和形式认可的箱型的要求。制造检验应：

（1）确认产品是否符合批准的定型（样箱认可）设计。主要包括称重、水压试验、防渗漏（气密）试验。

（2）在制造和完工阶段，通过试验和检查，确认产品制造质量是否符合规定的要求。

3. 定期检验（图2-50）

确认营运中的可移动罐柜是否处于安全状态。

可移动罐柜的定期检验包括：

（1）每5年的定期检验（主要包括内部、外部检查；压力试验，包括管路）；

（2）每5年期间的2.5年中间检验（主要包括内部、外部检查，气密试验及辅助设备是否能正常工作）。

定期检验合格后，签发检验报告并在相应标牌上进行标识。

从出厂到第1次检验的间隔不应超过5年，日期应标注的CSC安全合格牌照上。经第1次检验后的重新检验的间隔期不应超过2.5年，日期应标注的CSC安全合格牌照上。

定 期 检 验 报 告
PERIODICAL INSPECTION REPORT

下述罐式设备通过本社定期检验，满足适用规则和要求。/ The following tank has passed periodical inspection carried out by this Classification Society and met applicable regulations and requirements.

检验类型/ Type of inspection: ＿＿＿＿＿＿＿＿＿＿＿ 检验地点/ Place of inspection: ＿＿ Shanghai

制造厂/ Manufacturer: ＿＿＿＿＿＿＿＿＿＿＿＿＿＿＿＿＿

箱主或营运方/ Owner or Operator: ＿＿＿＿＿＿＿＿＿＿＿＿＿＿＿＿＿

制造厂编号/ Manuf.No.: ＿＿＿＿ 箱主系列号/ Owner's serial No.: ＿＿＿＿ 制造日期/ Date of manufacture: March, 2016

基本信息和数据/ GENERAL INFORMATION AND DATA ⊠表示具备/ Equipped 曰表示 不具备/ Not equipped

适装介质/ Applicable cargo: Class:3,4.1,5.1,6.1,8 and 9 as applicable				
型式认可证书号/ Design type approval No.:	GB/IMO/LR 64290		认可机构/ Approved by:	LR
初次压力试验日期/ Date of initial pressure test:	March 14, 2016		检验机构/ Performed by:	LR
上次压力试验日期/ Date of last pressure tast:	March 14, 2016		检验机构/ Performed by:	LR
上次检验日期/ Date of last inspection:	March, 2016		检验机构/ Performed by:	LR
本次检验日期/ Date of this inspection:	February 14, 2019		下次定期检验日期/ Due next inspection date:	March, 2021

ISO代码/ISO code:	DCKD		ISO型号或尺寸/ISO type or dimension:	7450 × 2500 × 2591 mm	
UN罐柜导则/ UN portable tank instruction:	T11		批准国/Approval Country:	Great Britain	
最大营运总质量/ Max. operating gross mass:	39000	kg	空箱质量/ Tare:	4260	kg
最大载货量/ Max. permissible payload:	34740	kg	容积/Tank water capacity at 20℃	30960	litres
双层壳体/Double shell: --	保温层/Insulation: ⊠		内衬材料/Lining: --	隔腔数量/No. of compart.:	1
封头/筒体材料/Material of head/shell:	SANS 50028-7/DIN W.NR. 1.4402/1.4404		封头/筒体厚度/ Thickness of head/shell:	4.9/4.4	mm
罐体等效低碳钢厚度/Equivalent thickness of mild steel: 6.0		mm	设计温度范围/Range of design temperature:	–40~+130	℃
最大允许工作压力/Max. allo wable work pressure:	4.0	bar	罐体耐压试验压力/Test pressure of tank:	6.0	bar
加热装置/Heater: 蒸汽/Steam ⊡电/Electrical ⊡其它/Other ⊡			加热试验压力/Test pressure of heater:	6.0	bar
底卸料口/Bottom opening for discharge:	⊠		顶装卸口/ Top opening for fill & discharge:	⊟	

串联关闭装置数量/No. of closures in series:	2⊡	3⊠	紧急切断装置/Emergency cut off device:	⊠	
安全阀数量/No. of relied valves:	1		开启/Open 4.4		bar
			关闭/Close 3.96		bar
爆破片数量/No. of rupture discs: --	并联/In parallel ⊟串联/In series⊟		爆破片爆破压力/ Rupture pressure of repture discs: --		bar
易熔元件熔化温度/Fusible elements fusion temperature: --	℃				
仪表/Gauges:	温度计/Thermometer ⊠	压力表/ pressure gauge ⊟	液位计/Liquidometer ⊟		

适用规则和批准号（根据罐体上的标记及原证书填写）/APPLICABLE REGULATIONS AND APPROVAL No.(According to marks on tank and original cert.)
⊠表示适用/ Applicable ⊟表示不适用/ Not applicable

CSC	⊠	GB-LR 64290 03/16	CCC/TIR	⊠	GB/C 64290 LR/2016	IMDG	⊠	GB/IMO/LR 64290
UIC	⊠	OR 592	ADR/RID	⊠	GB/PT/LR 64290	US-DOT	⊟	
TC	⊠	IMPACT APPROVED	ISO1496-3	⊟				

检验完成项目/INSPECTIONS PERFORMED ⊠表示合格/Satisfactory ⊟表示不适用/Not applicable

带保温层罐体外部检查/ External inspection of insulated tank	⊠	无保温层罐体外部检查/ External inspection of non-insulated tank ⊟	罐体内部检查/ Internal inspection of tank ⊠
罐体耐压试验/Pressure test of tank 液压/Hydro: bar ⊟ 气压/Air: bar ⊟		罐体密性试验/Tightness test of tank 压力/Pressure: 1.0 bar ⊠	加热管检查/Inspection of heater 液压试验/Hydraulic test: bar ⊟ 密性试验/Tightness test: 4.0 bar ⊠
安全阀检查/Checking of relief valve(s) ⊠ 制造厂/Manufacturer: Perolo	试验开启压力/Tested open pressure: 4.4 bar 型号/Model: MX80P44TS	试验关闭压力/Tested close pressure: 4.0 bar 编号/Serial No.: R0486 16
爆破片和易熔元件检查/Checking of rupture discs and fusible elements	爆破片/Rupture discs ⊟	易熔元件/Fusible elements ⊟
阀门检查/ Checking of valves ⊠	人孔盖检查/ Checking of man hole cover ⊠	紧急切断装置检查/ Checking of emergency cot off device ⊠	框架结构检查/ Inspection of frame ⊠
仪表检查/ Checking of gauge ⊠	罐体厚度测量/ Tank thickness measurements ⊟	真空检测/ Vacuum check ⊟	罐箱标记检查/ Checking of tank marking ⊠

备注/ REMARK: ACEP No.: ACEP FR/BV/071

罐体铭牌打有本社标记/
CCS mark stamped on tank plate: ＿＿＿＿＿＿＿＿＿

安全牌照标记下次检验日期/
Next inspection date marked on CSC plate:＿

签发地点/Place of issue　　上海/Shanghai

签发日期/Date of issue　　2019年02月14日
February 14, 2019

检验人/Surveyor

a) 检验报告

图 2-50

b)检验标牌

图2-50　可移动罐柜定期检验报告示例

按照现有标准，可移动罐柜制造完成后，需经过严格的安全性能测试，才能进行使用。制造检验相关试验主要包括：起吊试验、堆码试验、集中载荷试验、横向刚性试验、纵向栓固试验、端壁试验、侧壁试验和单门营运试验（图2-51）。

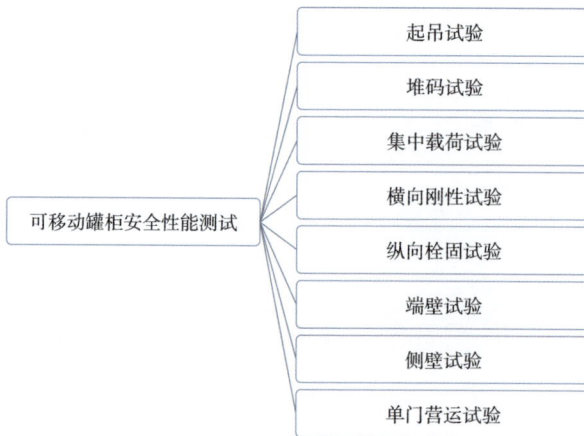

图2-51　可移动罐柜安全性能测试内容

性能试验项目、试验要点及要求见表2-17。

可移动罐柜性能试验项目列表

表2-17

项目	试验要点	要求
起吊试验	具有规定的内部载荷的集装箱，应在不施加显著加速力的状态下起吊。集装箱起吊后应悬空或支撑5min，然后放到地面	
堆码试验	将载有规定的内部载荷的集装箱应放在一个坚硬水平面所支撑的4块水平垫块上，每个底角件或等同的角结构之下放1垫块，垫块的中心点应在角件之下，垫块应有余角件相同的平面尺寸	
集中载荷试验	顶部试验：外力应垂直向下作用在集装箱顶部外表面的最薄弱部位上。 底部试验：该项试验要求将集装箱的4个底角放置在4个水平支撑物上，使集装箱的箱底结构能自有挠曲	
横向刚性试验	将空载状态下的集装箱放置在4个水平支撑物上，每一底角下放置一个。并通过固定装置进行栓固，以防止其横向或垂向移动，布置固定装置时应仅在与力的施加点成对角线的底角上进行横向栓固。 外力应分别或同时作用在集装箱每1侧的每1顶角配件上，外力的方向即平行于箱的底部，又平行集装箱各端的平面，先向顶角件施加推力，然后再反方向施加拉力，对于每1端与其垂直中心线相对称的集装箱，则两侧都应进行试验	不应出现泄漏以及影响正常使用的永久性变形和异状，其尺寸仍能满足装卸、固缚和换装作业的要求
纵向栓固（静力试验）	具有固定的内部载荷的集装箱，应通过将1端的2个底角件或等同的角结构系固在合适的固定装置点上，获得纵向固定	
端壁试验	集装箱的两端都应进行试验。但如两端相同只需试验其1端。无侧开口或无侧门的集装箱，其端壁可分别或同时进行试验。有侧开口或侧门的集装箱，其端壁应分别进行试验。 当分别进行试验时，作用在端壁上的力的反作用应被限制在集装箱的箱底结构上	
侧壁试验	集装箱的两侧都应进行试验。但如两侧相同只需试验其1侧。当侧壁分别进行试验时，内部载荷的反作用应被限制在角件或等同的角结构上。开顶集装箱应根据设计要求的操作进行试验。例如，将可拆卸的顶部构件保持在原位上进行试验	

四、可移动罐柜的标记

（1）对于装运第1类和第3~9类危险货物的可移动罐柜，还应在罐壳或紧固其上的金属标牌上标注下列信息（图2-52）：

①经营人名称。

②最大允许总质量（MPGM）（kg）。

③空箱质量（kg）。

图2-52　装运第8类危险货物可移动罐柜标志示意图

（2）对于装运第2类非冷冻液化气体危险货物的可移动罐柜，应在罐壳或紧固其上的金属标牌上标注下列信息（图2-53）：

①经营人名称。

②允许装运的非冷冻液化气体名称。

③每一种允许运输的非冷冻液化气体的最大允许负荷。

④最大允许总质量（MPGM）（kg）。

⑤空箱质量（kg）。

（3）对于第2类冷冻液化气体危险货物的可移动罐柜，应在罐壳或紧固其上的金属标牌上标注下列信息（图2-54）：

①所有人和经营人的名称。

②装运的冷冻液化气体名称和最低平均散装温度。

③最大允许总质量（MPGM）（kg）。

④空箱质量（kg）。

⑤所运气体实际维持时间（天或小时）。

图2-53 装运第2类非冷冻液化气体可移动罐柜标志示意图

图2-54 装运液化天然气可移动罐柜标志示意图

（4）IMDG铭牌要求（表2-18）。

如果用于海运或海运与陆运多式联运，应使用IMDG铭牌。标牌应以耐久、耐腐的金属材料制成。

标牌上应至少以印戳或以其他类似的方式标明表2-18中适用的标识栏的内容（图2-55）。

IMDG铭牌内容要求列表   表2-18

IMDG 铭牌内容	装运第 1 类和第 3~9 类危险货物	装运第 2 类非冷冻液化气体危险货物	装运第 2 类冷冻液化气体危险货物	装运非冷冻气体的多单元气体容器（MEGCs）
箱主注册码	+	+	+	+
生产国	+	+	+	+
制造年份	+	+	+	+
制造厂名称或标记	+	+	+	+
制造厂产品编号	+	+	+	+
ⓊⓃ 批准国	+	+	+	+
设计批准授权机构	+	+	+	+
设计批准号	+	+	+	+
"AA"，如果设计是在替代安排下批准	+	+	+	+
罐柜设计适用的压力容器规则	+	+	+	
MAWP（最大允许工作压力）（表压）（MPa）	+	+	+	
试验压力（表压）（MPa）	+	+	+	+
初始压力试验日期（月 / 年）	+	+	+	+
初始压力试验证明识别标注	+	+	+	+
外部设计压力（表压）（MPa）	+	+		
加热 / 冷却系统的 MAWP（如适用）（MPa）	+			
表压				
设计温度范围（ ℃至 ℃）	+	+		+
设计参考温度（℃）		+		
最低设计温度（℃）			+	
单元数目				+
罐壳材料和材料参照标准	+	+	+	
标准钢的等效厚度（mm）	+	+	+	
内衬材料（如使用）	+			

续上表

IMDG 铭牌内容	装运第 1 类和第 3~9 类危险货物	装运第 2 类非冷冻液化气体危险货物	装运第 2 类冷冻液化气体危险货物	装运非冷冻气体的多单元气体容器（MEGCs）
20℃时水容量（L）	+S（如适用）*	+	+	+
20℃时每个罐室的水容量（L）	+S（如适用）*			
最近的定期检验类型	+	+	+	+
最近定期检验的日期（年和月）	+	+	+	+
最近定期检验的试验压力（如适用）（MPa）	+	+	+	
证明近期试验的授权机构的识别标记	+	+	+	+
"热绝缘"或"真空绝缘"（如适用）			+	
绝热系统的效能（热流量）瓦特（W）			+	
允许装运的冷冻液化气体的全称			+	
允许运输的每种冷冻液化气体的参考维持时间天或小时和初始压力 MPa 表压和充装程度（kg）			+	

注：+——适用。

*——当防波板隔舱的舱容不大于 7500L 时，该指标后应打字母"S"。

在制作铭牌时，还应考虑留出罐箱适用寿命内标打定期检验次数钢印的位置。

图 2-55

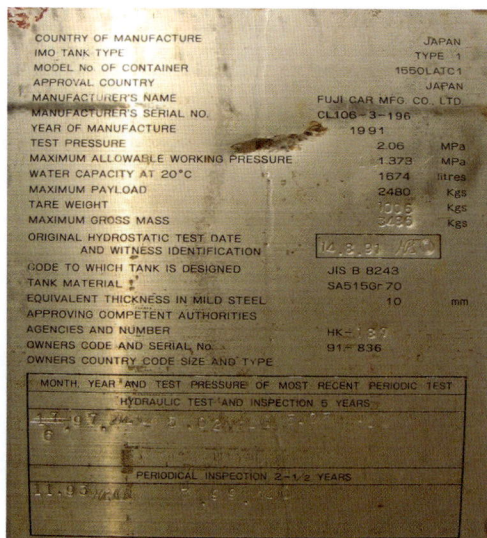

图2-55　IMDG铭牌示例

五、可移动罐柜的使用要点

1. 可移动罐柜的选型

运输某种危险货物应如何选择包装呢？

选用移动罐柜可参考图2-56所示内容。

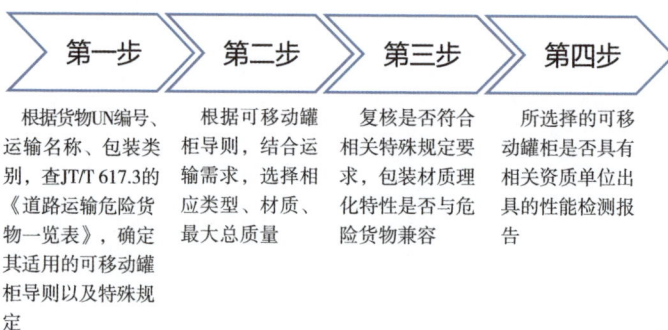

第一步	第二步	第三步	第四步
根据货物UN编号、运输名称、包装类别，查JT/T 617.3的《道路运输危险货物一览表》，确定其适用的可移动罐柜导则以及特殊规定	根据可移动罐柜导则，结合运输需求，选择相应类型、材质、最大总质量	复核是否符合相关特殊规定要求，包装材料理化特性是否与危险货物兼容	所选择的可移动罐柜是否具有相关资质单位出具的性能检测报告

图2-56　可移动罐柜选用流程

托运人在装货前，应按照可移动罐柜选型要求，选择使用合适的可移动罐柜，确保所装危险货物不会与壳体材料、垫圈、装卸设备及任何防护衬料发生危险化学反应。

例如，甲醇应遵守的可移动罐柜导则对应T7，其最低试验压力为0.4MPa，壳体最小厚度基准钢满足：罐柜直径不大于1.8m的壳体，其圆柱壳部分、封头及人孔盖的厚度不得小于：参考钢5mm，或所用金属等效厚度。罐柜直径大于1.8m的壳体的厚度不得小于：参考钢6mm，或所用金属等效厚度。但对于Ⅱ或Ⅲ类包装的粉状或粒状固体物质，最小厚度要求可减至参考钢不小于5mm，或所用金属等效厚度。

2.可移动罐柜的使用要求

运载液态物质、液化气体、冷冻液化气体的可移动罐柜，在没有被分舱隔板或防波板分成容量不超过7500L的若干舱的情况下，其充装度应大于其容量的80%或小于20%（在20℃时或加温物质在运输中的最大温度时其黏度大于或等于2680mm²/s的液体除外）。

在运输过程中温度低于或等于50℃（例如使用加温装置）时，可移动罐柜的充装度不得超过允许的最大充装度，其最大充装度按以下公式计算确定。

（1）一般情况下，可移动罐柜的最大充装度按式（2-3）计算：

$$F_1 = \frac{97}{1+\alpha_2(t_r - t_f)} \tag{2-3}$$

式中：F_1——充装度，%；

　　　t_f——充装时液体的平均温度，℃；

　　　t_r——运输过程中最高平均整体温度，℃；

　　　α_2——t_f与t_r之间的液体平均体积膨胀系数。

（2）装载包装类别Ⅰ和包装类别Ⅱ的6.1项或第8类的液体，以及绝对蒸气压力在65℃时超过0.175MPa的液体时，可移动罐柜的最大充装度按式（2-4）计算：

$$F_2 = \frac{95}{1+\alpha_2(t_r - t_f)} \tag{2-4}$$

式中：F_2——充装度，%。

以上两式中，α_2可按式（2-5）计算：

$$\alpha_2 = \frac{d_{15} - d_{50}}{35 \times d_{50}} \tag{2-5}$$

式中：d_{15}——液体在15℃时的密度，kg/m³；

　　　d_{50}——液体在50℃时的密度，kg/m³。

最高平均整体温度（t_r）应取50℃。但在温和气候条件或极端天气条件下运输时，可酌情采用较低或较高温度时液体的密度进行计算。

（3）装有加温装置的可移动罐柜应使用温度调节器，确保运输过程中的最大充装度在任何时候都不大于95%。在高于其熔点的温度下运输固体，或者在高温状态下运输液体时，最大充装度按式（2-6）计算：

$$F_3 = 95 \frac{d_r}{d_f} \tag{2-6}$$

式中：F_3——充装度，%；

　　　d_f——充装平均温度下的液体密度，kg/m³；

　　　d_r——运输过程最大平均温度下的液体密度，kg/m³。

充装完成后，还应进行检查，如存在以下情况，不得交付运输：

①罐体或其辅助设备上粘附有所装物的残留物；

②可移动罐柜渗漏，或损坏程度使罐柜完整性或其起吊、紧固附件受到影响；

③可移动罐柜的辅助设备没有经检查确认其工作状态良好。

第五节　罐车罐体

道路运输液体危险货物罐式车辆罐体（以下简称罐车罐体），是指与汽车底盘或罐式半挂车行走机构永久性连接的罐体。罐车罐体一般由筒体、封头、防波板、隔舱板及安全附件等组成（图2-57）。

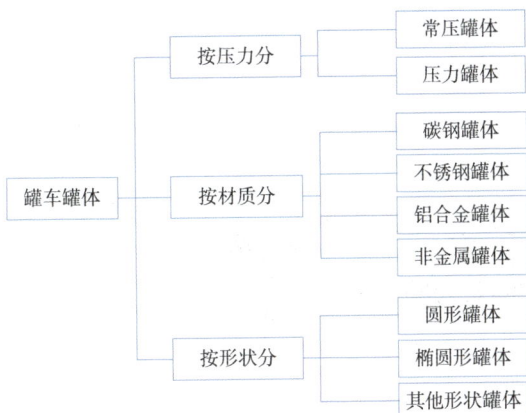

图2-57　罐车罐体分类图

一、罐车罐体的分类

罐车罐体可按以下情况分类。

（1）按压力大小分为常压罐体和压力罐体。

压力罐体指正常运输过程中的罐车罐体工作压力大于或等于0.1MPa的罐车罐体。常压罐体是指正常运输过程中的罐车罐体工作压力小于0.1MPa的罐车罐体。

（2）按材质分为碳钢罐体（图2-58）、不锈钢罐体（图2-59）、铝合金罐体（图2-60）、非金属罐体（塑料、玻璃钢）（图2-61）。

图2-58　碳钢罐体示意图

图2-59　不锈钢罐体示意图

图2-60　铝合金罐体示意图

图2-61　玻璃钢（FRP）罐体示意图

　　（3）按罐体封头形状分为圆形罐体（图2-62）、椭圆形罐体（图2-63）、其他形状罐体。

图2-62　圆形截面罐体示意图

图2-63　椭圆形截面罐体

二、罐车罐体的结构

罐车罐体的结构如图2-64及表2-19所示。

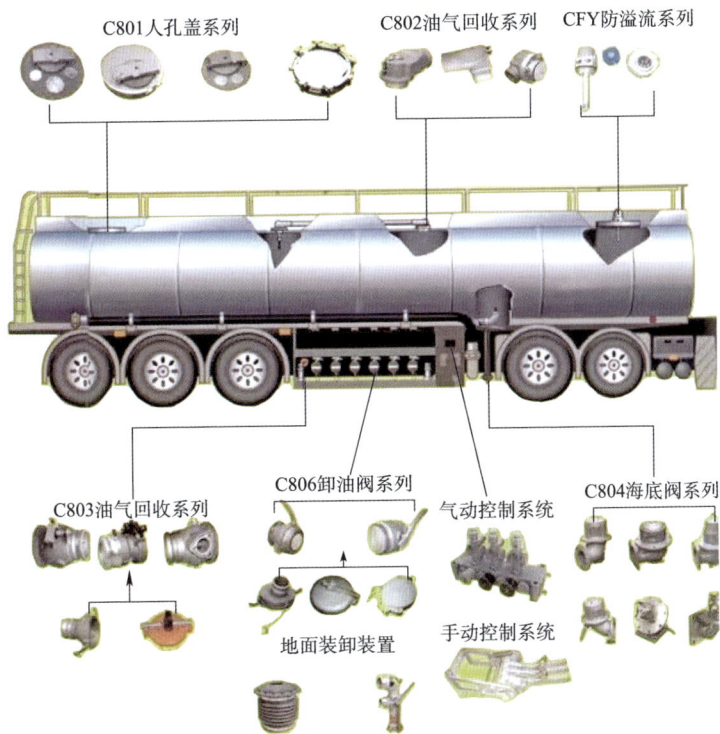

图2-64　罐车罐体结构示意图

罐车罐体各部位图示   表2-19

部位名称	说明	图示
安全泄放装置	安全泄放装置包括安全阀、爆破片装置、安全阀与爆破片串联组合装置、紧急泄放装置和呼吸阀等。安全泄放装置应设置在罐体顶部，在设计上应能防止任何异物的进入	 安全阀  爆破片 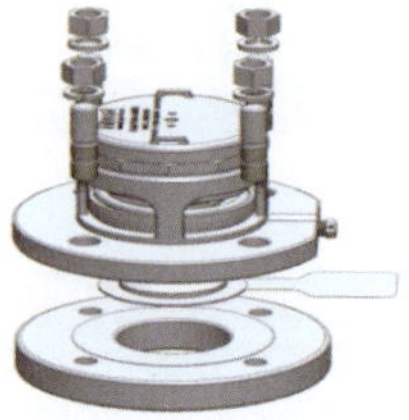 安全阀与爆破片串联组合装置  紧急泄放装置  呼吸阀

续上表

部位名称	说明	图示
紧急切断阀	紧急切断阀是安装在车辆的罐体底部，在车辆非装卸时应处于闭合状态，能防止任何因冲击或意外动作所致的打开。为防止在外部配件（管路、阀门等）损坏的情况下罐内的液体泄漏，阀体应设计成剪式结构，剪断槽应紧靠阀体与罐体的连接处。紧急切断阀阀体不得采用铸铁或非金属材料制造	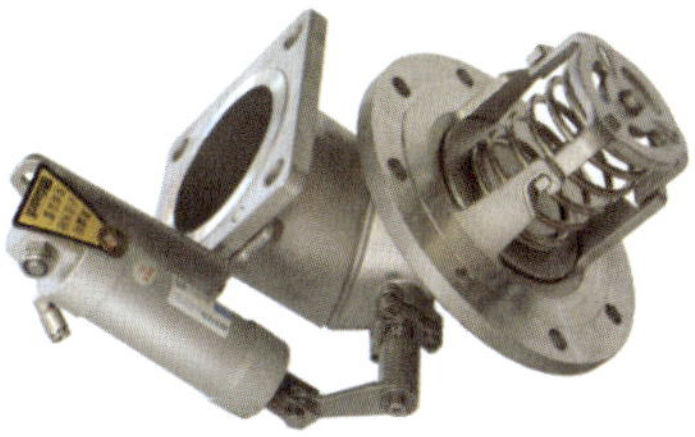
人孔	人孔主要用于罐车罐体维修时，工人进出罐体使用。 　　人孔盖结构，主要由大盖、小盖、上压板、下压板，内置呼吸阀等组成	
防波板	防波板是罐体内部能够部分隔断横截面但不封闭液体的，用于偏转、阻隔或调整液体流向的结构	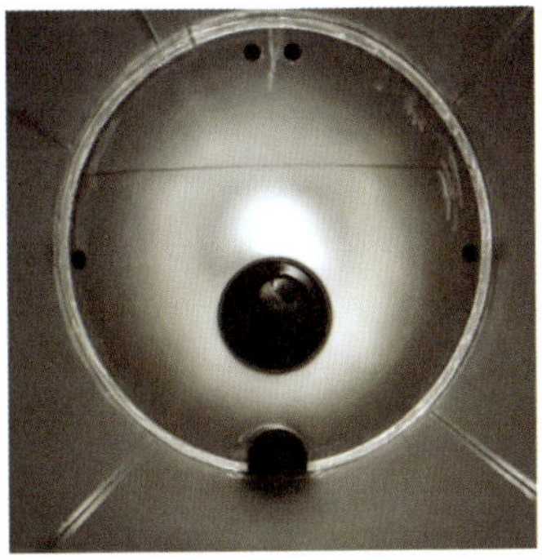 涨型式防波板

部位名称	说明	图示
防波板	防波板是罐体内部能够部分隔断横截面但不封闭液体的，用于偏转、阻隔或调整液体流向的结构	 装配式防波板
装卸阀	罐体进行装卸作业时，其操作过程所需的阀门与附件。 常用的装卸阀是带快速连接接头的不锈钢球阀，一般由阀体、阀座、球体、手柄、快连接头盖等部分组成	 球阀  底部加载阀（API 阀）

续上表

部位名称	说明	图示
装卸阀	罐体进行装卸作业时，其操作过程所需的阀门与附件。 常用的装卸阀是带快速连接接头的不锈钢球阀，一般由阀体、阀座、球体、手柄、快连接头盖等部分组成	 油气回收接头  油气回收阀  防溢流探杆

三、罐车罐体的安全性能要求

1. 出厂检验

液体危险货物罐式车辆金属常压罐体的制造、检验应满足 GB 18564.1 的要求（表2-20）。液体危险货物罐式车辆非金属常压罐体的制造、检验应满足 GB 18564.2 的要求。

液体危险货物罐式车辆金属常压罐体出厂检验项目表　　表2-20

序号	检验项目	检验内容
1	设计文件与工艺文件	设计文件
2		焊接工艺规程
3		焊接工艺评定报告
4	材料与结构	筒体
5		封头、隔舱板
6		防波板
7		垫板
8	外观与几何尺寸	按设计文件要求确认罐体尺寸
9		罐体焊缝布置
10		纵、环向焊接接头最大棱角度
11		纵、环向焊接接头的余高
12	附件确认	安全泄放装置
13		真空减压阀
14		紧急切断装置
15		仪表
16		装卸阀门
17		装卸用管和快装接头
18	系统试验见证	耐压试验
19		气密性试验
20	出厂文件	出厂文件应齐全

冷冻液化气体汽车罐车罐体的制造、检验应满足《冷冻液化气体汽车罐车》（NB/T 47058）的要求。液化气体汽车罐车罐体的制造、检验应满足《液化气体汽车罐车》（GB/T 19905）的要求。

当罐式车辆罐体适用于特种设备中移动式压力容器的要求时，还应满足特种设备有关安全技术规范的规定。

为保证罐体制造质量，出厂时需进行出厂检验。罐体出厂检验除了要检查设计文件与工艺文件、材料与结构、外观与几何尺寸、附件确认、出厂文件是否齐全等，还需进行无损检测、耐压试验和气密性试验等检验试验，以判断出厂罐体质量是否合格。

出厂检验证书首页（图2-65）包括制造单位、生产许可证编号、产品名称、产品图号、罐体设计代码、VIN码、制造日期等基本信息，同时还需要明确检查标准名称以及出厂检验标志、检验员、核准、批准人员信息及日期。下次检验日期可选填。报告详情页面（图2-66）展示产品基础数据、性能及试验参数，以及主要附件型号及数量。

出厂检验证书

编号：

制造单位			
生产许可证编号		产品名称	铝合金运油车
产品图号		罐体设计代码	LGBF
VIN码			
制造日期	2020年08月27日		

按照《危险化学品安全管理条例》的规定，该产品经我机构出厂检验，安全性能符合GB 18564.1—2019《道路运输液体危险货物罐式车辆 第1部分:金属常压罐体技术要求》的要求，特发此证书，并且在该产品铭牌上打有如下出厂检验标志。

建议下次检验日期为2021年08月。

AS

检 验 员：　　　　　2020-08-28

审 　核：　　　　　2020-09-02

批 　准：　　　　　2020-09-02

图2-65　罐车罐体出厂检验证书首页示意图

产品基础数据				
产品名称	铝合金运油车	产品型号		
出厂编号		VIN码		
罐体设计代码	LGBF	额定载质量	20770	kg
产品标准	GB 18564.1—2019			
设计介质	汽油			

罐体						
性能参数	罐体容积	30.3	m³	外形尺寸	8700×2427×1850	mm
	非圆形罐体最大横截面积	3.59	m²	侧面、顶底面最大曲率	970/1990	mm
	设计压力	0.042	MPa	设计温度	50	℃
	腐蚀裕量	0.4	mm	罐体分仓数	3	仓
	设计使用年限	10年		制造日期	2020年08月27日	
	材料	筒体	5182 H111	设计厚度	筒体	5.40	mm
		封头	5182 0		封头	5.40	mm
	保温层	无		非金属衬里	无	
检验试验	耐压试验压力	0.15	MPa	气密性试验压力	0.042	MPa
	无损检测方法和比例	RT10%　PT100%　人孔　接管				

主要附件					
名称	型号	数量	名称	型号	数量
紧急切断阀	KT02–100	3	—		
内置呼吸阀	KT031–40MYS	6	—		
人孔盖（紧急泄放装置）	KT03–580	3	—		
—					

图2-66　罐车罐体出厂检验证书详情页示意图

2. 定期检验

罐体一般应在投入使用后1年内进行首次定期检验，后续定期检验的时间间隔不超过2年。但检验机构可以根据罐体检验情况及缺陷问题处理结果，确定下次定期检验时间。

常压液体危险货物罐车罐体检验报告各部分内容如图2-67所示。

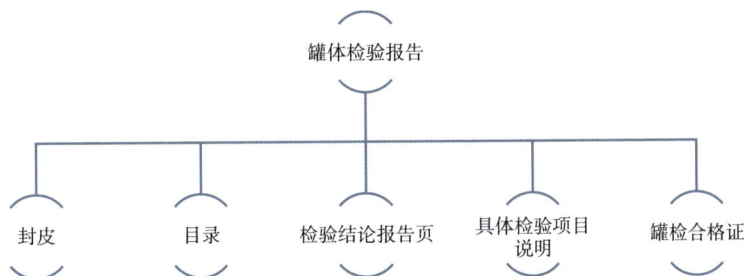

图2-67 罐体检验报告内容

1）封皮

包括报告编号、使用单位（委托单位）、车辆牌号、罐体产品编号、检验场地名称和检验日期（图2-68）。

图2-68 罐车定期检测报告封皮

2）目录

说明罐体检验的项目和页号（图2-69）。

金属常压罐体检验报告目录

序号	检验项目	页号	附页、附图
1	罐体检验结论报告	1	
2	罐体资料审查报告	2	
3	罐体外观检验报告	3	
4	罐体结构及几何尺寸检验报告	4	
5	罐体附件检验报告	5	
6	罐体试验报告	6	
7	罐体壁厚测定报告	7	
8	射线检测报告（适用时）	/	
9	磁粉检测报告（适用时）	/	
10	渗透检测报告（适用时）	/	

图2-69　罐车定期检测报告检验报告目录

3）检验结论报告页（图2-70）

罐体基本信息，适装介质、检验依据、检验结论，下次检验日期，对于存在的一般问题给出问题处理意见。其中，检验依据主要为《道路运输液体危险货物罐式车辆　第1部分：金属常压罐体技术要求》（GB 18564.1—2019），《交通运输部 工业和信息化部 公安部 市场监管总局关于印发常压液体危险货物罐车治理工作方案的通知》（交运发〔2021〕35号），以及其他出厂文件。

金属常压罐体检验结论报告

使用单位				使用单位统一社会信用代码	
单位地址				邮政编码	
制造厂				出厂日期	2019年05月
车辆牌号		使用单位联系人		联系电话	
车辆类型	FL	核定载质量	34000kg	罐体产品编号	19B0772JY
罐体型号	WL9402GYY	罐体容积	47m³	罐体设计代码	LGBF
封头材质	5454 O 态	封头名义厚度	6.0mm	设计使用年限	一年
筒体材质	5454 H32	筒体名义厚度	5.5mm	适装介质	汽油（UN1203）
液压试验压力	0.15MPa	气压试验压力	—MPa	气密性试验压力	0.042MPa
罐体外形尺寸	11860×2540×2070mm		VIN代码		LJRT11371K0000772
检验依据	1.《道路运输液体危险货物罐式车辆 第1部分：金属常压罐体技术要求》 ☒GB 18564.1—2006 □GB 18564.1—2019 2.交运发【2021】35号 3.出厂文件				
检验结论	☒ 符合要求。适装介质见证书。 □ 基本符合要求。存在问题见"问题记录处理意见"，适装介质见证书。 　　　下次检验日期：_2024_ 年 _05_ 月 □ 不符合要求。存在重大安全风险，见"问题记录处理意见"，应立即停用并整改。				
问题记录处理意见	使用和充装单位应限制介质的最大充装率，实际最大充装质量应为核定载质量和最大允许充装量的最小值。				
检　验	2022年05月17日				
审　核	2022年05月18日				
批　准	2022年05月18日				

图2-70 罐车定期检测报告检验结论页

4）具体检验项目说明（图2-71）

包括罐体各种资料审查和需实地检验的项目说明。罐检报告中的检验项目要求除需满足《道路运输液体危险货物罐式车辆 第1部分：金属常压罐体技术要求》（GB 18564.1—2019）之外，还可参考《常压液体危险货物罐车治理罐体定期检验工作指南》。

罐体资料审查报告

	检验项目	检验结果	单项评价	备注
资料审查	产品竣工图		√	
	产品合格证		√	
	产品质量证明文件		√	
	安全附件质量证明书		√	见以下备注内容
	装卸附件质量证明书	—	—	
	仪表质量证明书	—	—	
	安全附件校验证书	—	—	
	仪表检定证书	—	—	
	罐体出厂检验证书		√	
	维修资料	—	—	
	上次检验报告中提出的问题是否解决或有无防范措施	—	—	
	■适装介质核定		√	见以下备注内容
	罐体设计代码		√	
	■材料选用		√	
	上次定期检验报告	—	—	
备注	1. 出厂资料没有安全附件质量证明书，按照附件金属铭牌中的内容进行了校验。 2. 对原适装介质进行核定去除不符合要求的介质：柴油（UN1202）。			
检验： 2022年05月17日		审核： 2022年05月18日		

注：没有或未进行的检验项目在检验结果和单项评价栏中打"—"；无问题或合格的检验项目在单项评价栏打"√"；有问题或不合格的检验项目在单项评价栏中打"×"，并在备注栏中说明，■为重大安全风险项目。

a)

图 2-71

金属常压罐体外观检验报告

	检验项目	检验结果	单项评价	备注
外观检验	罐体铭牌		√	
	标志、标识		√	
	表面油漆		√	
	■罐体表面缺陷（裂纹、泄漏、腐蚀、变形等）		√	
	■法兰密封及紧固状况		√	
	扶梯、操作平台、防护装置		√	
	■罐体与底盘（或者走行机构）连接		√	
	■防波板及其与罐体的连接		√	
备注				
检验： 2022年05月17日		审核： 2022年05月18日		

注：没有或未进行的检验项目在检验结果和单项评价栏中打"—"；无问题或合格的检验项目在单项评价栏打"√"；有问题或不合格的检验项目在单项评价栏中打"×"，并在备注栏中说明，■为重大安全风险项目。

b)

图　2-71

金属常压罐体结构及几何尺寸检验报告

检验项目		检验结果	单项评价	备注
结构检验	焊接接头设计		√	
	焊缝布置		√	
	■封头型式		√	
	隔仓板型式		√	
	■罐体横截面型式		√	
	防波板的结构		√	
	管路的设计		√	
几何尺寸检验	罐体的外形尺寸		√	
	■罐体容积		√	
	■最大充装质量		√	
	单个筒节的最小长度		√	
	相邻筒节纵向焊接接头的最小距离		√	
	纵向焊接接头最大对接错边量		√	
	环向焊接接头最大对接错边量		√	
	焊接接头咬边		√	
	人孔尺寸		√	
	扶梯（宽度、步距）		√	
备注				
检验：	2022年05月17日			
审核：	2022年05月18日			

注：没有或未进行的检验项目在检验结果和单项评价栏中打"—"；无问题或合格的检验项目在单项评价栏打"√"；有问题或不合格的检验项目在单项评价栏中打"×"，并在备注栏中说明，■为重大安全风险项目。

c)

图 2-71

金属常压罐体附件检验报告

	检验项目	检验结果	单项评价	备注
■ 附件检验	安全阀	—		
	爆破片	—		
	紧急泄放装置		√	需每年校验
	呼吸阀		√	需每年校验
	紧急切断装置		√	
	真空减压阀	—	—	
	温度计	—	—	
	压力表	—	—	
	液位计			
	装卸阀门		√	
	装卸附件	—	—	
导静电测试	罐体的导电部件到导静电拖地带末端电阻值		√	
	装卸用管两端电阻值、耐压和气密性试验（适用时）	—	—	
	车架到导静电接地装置末端电阻值		√	
装卸系统检验	装卸管路系统的设置		√	
	装卸口的保护装置		√	
	装卸口的密封盖或集漏器		√	
备注				
检验：		2022年05月17日		
审核：		2022年05月18日		

注：没有或未进行的检验项目在检验结果和单项评价栏中打"—"；无问题或合格的检验项目在单项评价栏打"√"；有问题或不合格的检验项目在单项评价栏中打"×"，并在备注栏中说明，■为重大安全风险项目。

d)

图 2-71

金属常压罐体整体试验报告

试验方法	□盛水试验 □液压试验 □气压试验 □气液组合试验 ☒气密性试验		■罐体容积	45.82m³（满水称重）	
设计压力	0.042MPa	设计温度	50℃	装运介质	汽油（UN1203）
工作压力	— kPa	工作温度	— ℃	试验介质	空气
试验压力	0.036MPa	试验介质温度	20℃	试验日期	2022年05月17日
压力表编号	10729002 10729001		压力表精度等级	1.6级 1.6级	
压力表量程	0~0.1MPa 0~0.1MPa		压力表检定有效期	2022年10月23日 2022年10月23日	
试验过程					
试验结果	罐体气密性试验按标准要求的最低试验压力进行，无泄漏				
单项评价	√				
检验：	2022年05月17日				
审核：	2022年05月18日				

注：表格中没有的项目在其空白栏打"—"，选择的试验方法在□中打"×"，无问题或合格的检验项目在单项评价栏打"√"；有问题或不合格的检验项目在单项评价栏中打"×"。
■为重大安全风险项目。

e)

图2-71 罐车定期检测报告检验项目页

5）罐检合格证（图2-72）

根据以上罐检报告出具的定期检验合格证书。包含了罐检报告的主要内容，包括有：证书编号、罐检报告编号、罐体产品名称、产品制造企业名称、产品制造日期、机动车号牌、罐体编号、VIN代码、适装介质（介质应标注UN编号）、检验依据、检验日期、下次检验日期等。

定期检验合格证书

证书编号：

罐检报告编号	
产品型号	WL9402GYY
产品名称	车载铝罐体
制造企业	
制造日期	2019年05月
机动车号牌	
罐体编号	
VIN代码	LJRY11371K0000772
适装介质	汽油（UN1203）
检验依据	GB 18564.1—2006《道路运输液体危险货物罐式车辆　第1部分：金属常压罐体技术要求》、交运发【2021】35号，出厂文件
检验日期	2022年05月
下次检验日期	2024年05月

2022年05月18日

图2-72　定期检验合格证书

运输企业可根据罐检报告的适装介质目录，选择该罐车可运载的货物。

四、罐车罐体的标记

罐体两侧后部色带的上方喷涂"罐体下次检验日期：**年**月"，字高应不小于200mm，字体为仿宋体，字体颜色为红色。

罐体两侧前部色带的上方喷涂"罐体涉及代码"，字高应不小于200mm，字体为仿宋体，字体颜色为红色。

罐体或与罐体焊接的支座的右侧应有金属的罐体铭牌，罐体铭牌图示如图2-73所示。

罐体铭牌

产品名称		检验标志	
产品型号		车辆VIN码	
罐体设计代码		罐体容积	m³
设计压力	MPa	耐压试验压力	MPa
设计温度	℃	主体材料	
总质量	kg	最大允许充装量	kg
设计使用年限	年	介质名称	
制造单元		产品标准	
生产许可证编号		制造日期 □年 □月	

图2-73　罐体铭牌示意图

金属铭牌中主要内容说明如下：

（1）产品名称：车辆名称。

（2）检验标志。

（3）产品型号。

（4）车辆VIN码。

（5）制造单位：制造单位名称。

（6）产品标准：标注有效标准版本的年代号，如"GB 18564.1—2019"。

（7）生产许可证编号：根据"危险化学品包装物、容器产品生产许可证实施细则（二）（危险化学品罐体产品部分）"的要求依法取得生产许可证的编号。

（8）罐体设计代码。罐体代码由四部分组成，含义及层级关系见表2-21。

罐体代码及层级关系   表2-21

部分	代码名称	代码含义及层级关系
1	罐体类型	L 代表针对液态物质的罐体
2	计算压力	G 或数值。G 按照 6.5.3.2 的要求确定，当数值为 1.5、2.65、4、10、15、21 时，分别表示最小计算压力（×0.1MPa），计算压力应符合 6.5.3.1 和 6.5.3.3 的要求。 层级关系由低至高为：$G \to 1.5 \to 2.65 \to 4 \to 10 \to 15 \to 21$
3	开口	A 代表充装和卸载开口在底部，具有 2 道封闭装置的罐体； B 代表充装或卸载开口在底部，具有 3 道封闭装置的罐体； C 代表仅清洗口在液面下部，充装或卸载开口在上部的罐体； D 代表液面下无开口，充装或卸载开口在上部的罐体。 层级关系由低到高为：$A \to B \to C \to D$
4	安全泄放装置	V 代表带有紧急泄放装置，可不装配阻火器； F 代表带有紧急泄放装置，并装有阻火器； N 代表不安装紧急泄放装置，需安装安全阀的罐体； H 代表紧密关闭罐体，其计算压力不小于 0.4MPa，紧密关闭为如下的任一种情况： a）不安装安全阀、爆破片、其他安全装置或真空减压阀； b）不安装安全阀、爆破片或其他安全装置，但安装真空减压阀； c）安装爆破片与安全阀的串连组合装置，但不安装真空减压阀； d）安装爆破片与安全阀的串连组合装置，同时安装真空减压阀。 层级关系由低到高为：$V \to F \to N \to H$

以运输甲醇的罐车为例（图2-74）：

甲醇的罐体代码为：L4BN。

第一部分：罐内介质形态：L，罐体盛装的是液态物质。

第二部分：计算压力：最小计算压力（4×0.1MPa）为0.4MPa。

第三部分：装卸管路系统的位置及要求：B，罐体应设置三道相互独立且串联的关闭装置。

第四部分：安全泄放装置的设置要求：N，罐体不安装紧急泄放装置，需安装安全阀。

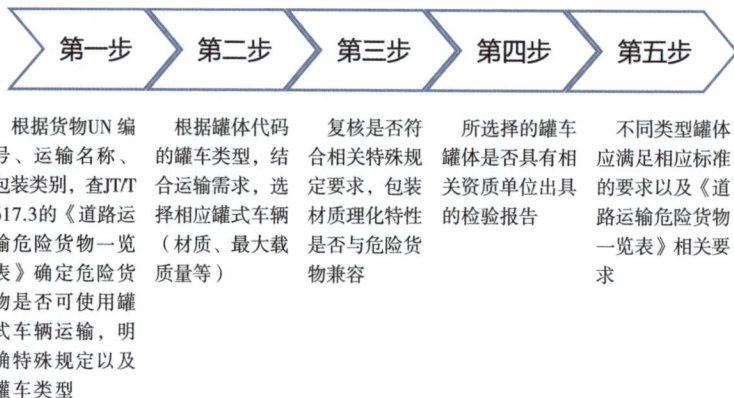

图2-74　运输甲醇罐车示意图

五、罐车罐体的使用要点

1. 罐车罐体的选型

运输某种危险货物，如何选择罐体呢？

选择罐车罐体的流程参考图如图2-75所示。

第一步	第二步	第三步	第四步	第五步
根据货物UN编号、运输名称、包装类别，查JT/T 617.3的《道路运输危险货物一览表》确定危险货物是否可使用罐式车辆运输，明确特殊规定以及罐车类型	根据罐体代码的罐车类型，结合运输需求，选择相应罐式车辆（材质、最大载质量等）	复核是否符合相关特殊规定要求，包装材质理化特性是否与危险货物兼容	所选择的罐车罐体是否具有相关资质单位出具的检验报告	不同类型罐体应满足相应标准的要求以及《道路运输危险货物一览表》相关要求

图2-75　罐车罐体选用流程

以甲醇为例：

甲醇属于第3类易燃液体，UN编号为1230，包装类别Ⅱ。根据《道路运输危险货物一览表》确定罐体代码为L4BH，罐车类型为FL型。因此，可购置FL型罐式车辆，且罐体代码为L4BH的罐体运输甲醇（图2-76）。

联合国编号	中文名称和描述	英文名称和描述	类别	分类代码	包装类别	标志	特殊规定	有限数量和例外数量		包装			可移动罐柜和散装容器		罐体		罐式运输车辆
										包装指南	特殊包装规定	混合包装规定	指南	特殊规定	罐体代码	特殊规定	
(1)	(2a)	(2b)	(3a)	(3b)	(4)	(5)	(6)	(7a)	(7b)	(8)	(9a)	(9b)	(10)	(11)	(12)	(13)	(14)
1229	亚异丙基丙酮	MESITYL OXIDE	3	F1	Ⅲ	3		5L	E1	P001 IBC03 LP01 R001			MP19	T2	TP1	LGBF		FL
1230	甲醇	METHANOL	3	FT1	Ⅱ	3 +6.1	279	1L	E2	P001 IBC02			MP19	T7	TP2	L4BH	TU15	FL

图2-76　《道路运输危险货物一览表》中甲醇相关内容

2. 罐车罐体使用要求

1）罐体日常维护要求

罐车所有人应建立并定期维护罐体档案，应保留至罐体报废后的12个月。罐体档案主要内容包括罐体质量证明、罐体出厂检验报告、定期检验报告等。在罐体使用生命周期内若发生所有者的变更时，罐体档案应移交给新的罐体所有人。

2）罐体充装作业

运载液态物质、液化气体、冷冻液化气体的罐体，在没有被分舱隔板或防波板分成容量不超过7500L的若干舱的情况下，其充装度应大于其容量的80%或小于20%。但这一规定不适用于下列几种情况：

（1）20℃时，液体的运动黏度大于或等于2680mm²/s；

（2）充装温度下，熔融物质的运动黏度大于或等于2680mm²/s；

（3）运载UN 1963冷冻液态氦和UN 1966冷冻液态氢。

在罐体充装和卸货时，要采取适当措施防止过量的危险气体或蒸气泄漏。充装人在罐体充装后应检查罐体封闭装置是否有泄漏。

当几道封闭装置串联在一起时，最靠近充装物质的封闭装置应首先关闭。

除非隔舱隔板厚度大于罐体壁厚，否则可能发生危险化学反应的物质不得在罐体相邻隔舱内运输。可能发生危险化学反应的物质可以使用一个空舱隔开。

罐体充装过程中，不能超过最大充装度。而充装度计算比较复杂，不同介质的充装度计算也不同。

在室温下运输液体，常压金属罐体的充装度需满足以下要求：

①充装介质为无毒无腐蚀性的第3类易燃液体，且罐体带安全泄放装置的，最大充装度应按式（2-7）计算。

$$\varphi_v = \frac{100}{1+\alpha_3(50-t_F)} \tag{2-7}$$

式中：φ_v——充装温度下的最大充装度，%；

　　　t_F——充装期间的介质温度，℃；

　　　α_3——15~50℃之间（即最大温度变化为35℃）介质的平均体积膨胀系数。α_3按式（2-8）计算。

$$\alpha_3 = \frac{d_{15}-d_{50}}{35 \times d_{50}} \tag{2-8}$$

式中：d_{15}——介质在15℃时的密度，kg/m³；

　　　d_{50}——介质在50℃时的密度，kg/m³。

②充装6.1项毒性介质和第8类腐蚀性介质，且带有安全泄放装置的罐体，最大充装度应按式（2-9）进行计算。

$$\varphi_v = \frac{98}{1+\alpha_3(50-t_F)} \tag{2-9}$$

③充装第3类易燃介质、6.1项毒性介质且为包装类别Ⅲ和第8类腐蚀性介质且为包装类别Ⅲ的介质，且不带安全泄放装置的罐体，最大充装度应按式（2-10）进行计算。

$$\varphi_v = \frac{97}{1+\alpha_3(50-t_F)} \tag{2-10}$$

④充装6.1项且为包装类别Ⅰ、包装类别Ⅱ的介质和第8类腐蚀性介质且为包装类别Ⅰ、包装类别Ⅱ的介质，且不带安全泄放装置的罐体，最大充装度应按式（2-11）进行计算。

$$\varphi_v = \frac{95}{1+\alpha_3(50-t_F)} \tag{2-11}$$

第三章

危险货物运输车辆

第一节　车辆类型

（1）按照车辆结构主要分为：单体货车、半挂牵引车、半挂车（图3-1）。

单体货车是指设计和制造上主要用于载运货物的一体式汽车（图3-2）。

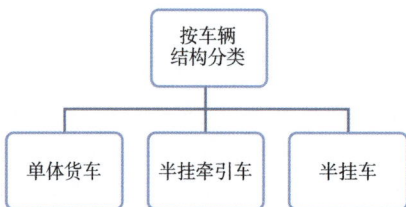

图3-1　车辆类型（按结构分）

图3-2　单体货车示意图

半挂牵引车是指装备有特殊装置用于牵引半挂车的汽车（图3-3）。

半挂车是指设计和制造由牵引车牵引，在道路上正常使用的无动力道路车辆（图3-4）。

图3-3　半挂牵引车示意图

图3-4　半挂车示意图

（2）按照外观形式主要分为：罐式车辆、罐式集装箱骨架车辆、厢式车辆、仓栅式车辆，如图3-5所示。

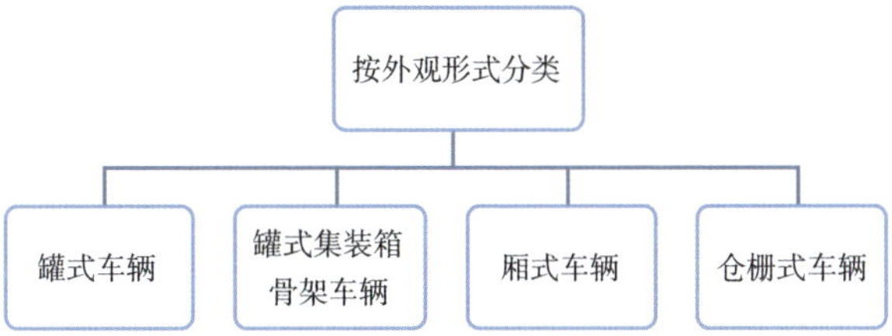

图3-5　车辆类型（按货物装载形式分）

罐式车辆是指罐体内充装危险货物，且与定型汽车底盘或罐式半挂车行走机构采用永久性连接的道路运输罐式车辆（图3-6）。

罐式集装箱骨架车辆是指专门用于装运罐式集装箱的半挂车（图3-7）。

图3-6　罐式车辆示意图

图3-7　罐式集装箱骨架车辆示意图

厢式汽车是指具有独立的封闭结构的车厢或与驾驶室联成一体的整体式封闭结构车厢，装有专用设施，用于载运货物的专用汽车（图3-8）。

仓栅式车辆是指具有仓笼式或栅栏式结构车厢的专用汽车（图3-9）。

图3-8　厢式车辆示意图

图3-9　仓栅式车辆示意图

（3）按照运输货物属性可分为：运输爆炸品的车辆（EX/Ⅱ、EX/Ⅲ

型）、运输易燃气体/气体罐体的车辆（FL型）、运输过氧化氢罐体的车辆（OX型）、运输其他类别罐体货物的车辆（AT型）和运输其他类别危险货物的车辆（CT型）（图3-10）。

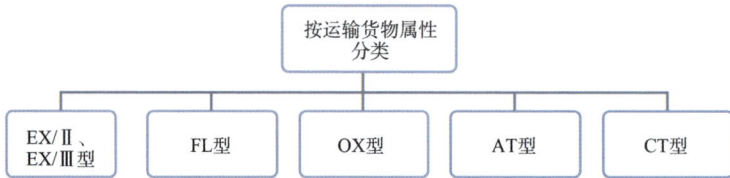

图3-10 车辆类型（按货物属性分）

EX/Ⅱ、EX/Ⅲ型车辆是指用于运输爆炸品且配载限额符合GB 21668要求的危险货物运输车辆（图3-11）。

FL型车辆是指用于运输易燃气体、闪点不高于60℃的易燃液体、满足GB/T 19147规定的车用柴油或列入联合国编号1202的油品的危险货物运输车辆，其载货容器为罐式车辆罐体、罐式集装箱或可移动罐柜，容器的容积应大于或等于3m^3（图3-12）。

图3-11 EX/Ⅱ型车辆示意图

图3-12 FL型车辆示意图

OX型车辆是指用于运输稳定的过氧化氢或其水溶液（浓度大于60%）的危险货物运输车辆，其载货容器为罐式车辆罐体、罐式集装箱或可移动罐柜，容器的容积应大于或等于3m^3（图3-13）。

AT型车辆是指载货容器与FL型和OX型车辆相同的非FL型和OX型危险货物运输车辆（图3-14）。

图3-13　OX型示意图

图3-14　AT型示意图

CT型车辆是指不属于以上车型的用于危险货物道路运输的车辆（图3-15）。

图3-15　CT型示意图

第二节　车辆配置选型要点

一、厢式货车

包件一般均可选用厢式货车运输。

包件采用的包装若由易受潮湿环境影响的材质制成，须使用封闭式车辆进行装载。

如果需要运输包件危险货物，如何选择相应的厢式车辆呢？

（1）确定拟运输危险货物的UN编号和所属的类别和项别；

（2）查询《道路运输危险货物一览表》第（16）列"包件"中相应代码（表3-1），确定厢式车辆相应要求。

包件特殊规定　　　　　　　　　　　　　　　　表3-1

代码	特殊规定
V1	包件应装载在侧栏车辆或封闭式车辆中，或者装载在封闭式集装箱或软开顶式集装箱中
V2	包件应装载在符合EX/Ⅱ型或EX/Ⅲ型车辆上。每个运输单元应遵守JT/T 617.6中8.4.2规定的装载限值
V3	运载自由流动的粉末状物质和烟花时，集装箱底板应有非金属表面或者垫板
V4	—
V5	包件不应使用小型集装箱运输
V6	柔性中型散装容器（IBCs）应装在封闭式车辆或封闭式集装箱中，或者侧栏车辆或软开顶集装箱中运输，并且侧栏和软开顶的材质应由防水及非易燃性材料制成
V7	—

以装有氢化钠的包件为例：

（1）确定氢化钠UN编号为UN 1427，类别项别为：4.3项；

（2）查询《道路运输危险货物一览表》第（16）列"包件"中相应代码为V1，即表示"包件应装载在侧栏车辆或封闭式车辆中，或者装载在封闭式集装箱或软开顶式集装箱中"（表3-2）。

氰化钠品名表相关条目　　　　　　　　　　　　表3-2

联合国编号	中文名称和描述	运输特殊规定			
		包件	散装	装卸	操作
（1）	（2a）	（16）	（17）	（18）	（19）
1427	氢化钠	V1		CV23	S20

二、罐式车辆

1. 选型要求

如果需要运输易燃液体，如何选择相应罐式车辆（图3-16）？

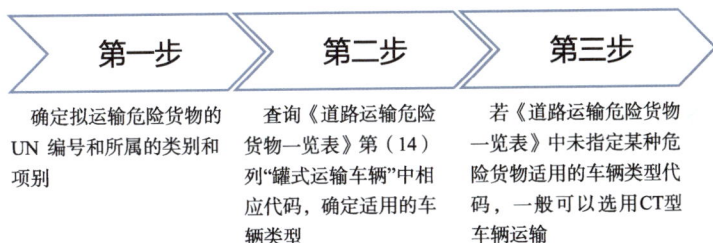

第一步	第二步	第三步
确定拟运输危险货物的UN编号和所属的类别和项别	查询《道路运输危险货物一览表》第（14）列"罐式运输车辆"中相应代码，确定适用的车辆类型	若《道路运输危险货物一览表》中未指定某种危险货物适用的车辆类型代码，一般可以选用CT型车辆运输

图3-16 罐式车辆选用流程

以运输甲醇为例：

甲醇，UN 1230，3类。查询《道路运输危险货物一览表》第（14）列"罐式运输车辆"中相应代码为FL，即可选用FL车型运输甲醇（表3-3）。

甲醇《道路运输危险货物一览表》相关内容   表3-3

联合国编号	中文名称和描述	类别	包装类别	罐式运输车辆
（1）	（2a）	（3a）	（4）	（14）
1230	甲醇	3	Ⅱ	FL

2. 车型兼容要求

对于FL、OX、AT等罐式车辆车型，部分车型可兼容其他车型（表3-4）。

车型兼容关系表   表3-4

货物对应的车型要求	可选择车型
FL	FL
OX	FL，OX
AT	FL，OX，AT

（1）若危险货物所对应的车辆类型是FL型，仅可选用FL型车辆装运；

（2）若危险货物所对应的车辆类型是OX型，则除可选用OX型车辆外，还可选用FL型车辆装运；

（3）若危险货物所对应的车辆类型是AT型，则除可选用AT型车辆外，还可选用FL型、OX型车辆装运。

3. 用于运输特定类项危险货物的车辆要求

图3-17 导静电橡胶拖地带示意图

运输符合第1、2.1、3、4.1、4.2、4.3、5.1、5.2等类项及其他具有易燃特性危险货物的车辆，应满足下述要求：

（1）安装符合要求的导静电橡胶拖地带，且车辆无论空、满载，导静电橡胶拖地带接地端应始终接地。半挂车与气体燃料半挂牵引车应分别设置导静电橡胶拖地带（图3-17）。

（2）排气管距燃油箱、燃油管净距离应大于或等于200mm，排气管出口应装在罐体前端面之前、不高于车辆纵梁上平面的区域。

第三节　随车应急工具

1.灭火器具

运输单元运载危险货物时，应随车携带便携式灭火器（图3-18）。

便携式灭火器的数量及容量应符合表3-5的规定。运输剧毒和爆炸品的车辆灭火器数量要求应符合《道路运输爆炸品和剧毒化学品车辆安全技术条件》（GB 20300）的规定。

图3-18 灭火器示意图

运输单元应携带的便携式灭火器数量及容量要求 表3-5

运输单元最大总质量 M（t）	灭火器配置最小数量（个）	适用于发动机或驾驶室的灭火器		额外灭火器	
		最小数量（个）	最小容量（kg）	最小数量（个）	最小容量（kg）
$M \leqslant 3.5$	2	1	1	1	2
$3.5 < M \leqslant 7.5$	2	1	1	1	4
$M > 7.5$	3	1	1	2	4

注：容量是指干粉灭火剂（或其他同等效用的适用灭火剂）的容量。

危险货物道路运输车辆应配备至少1个最小容量为2kg干粉灭火器（或其他同等效用的适用灭火器）。便携式灭火器应在检验合格有效期内。灭火器应放置于运输单元中易于被驾押人员拿取的地方。

2. 用于个人防护的装备

应根据所运载的危险货物标志式样（包括包件标志、车辆或集装箱标志牌）选择个人防护装备。危险货物标志式样应符合《危险货物道路运输规则 第7部分：运输条件及作业要求》（JT/T 617.7—2018）的规定。

每辆危险货物运输车辆应配备以下装备（图3-19）：

（1）与最大允许总质量和车轮尺寸相匹配的轮挡；

（2）一个三角警示牌；

（3）眼部冲洗液（第1类和第2类除外）。

应为每名驾押人员配备以下装备（图3-20）：

（1）反光背心；

（2）防爆的（非金属外表面，不产生火花）便携式照明设备；

（3）合适的防护性手套；

（4）眼部防护装备（如护目镜）。

特定类别危险货物还应包括以下附加装备（图3-21~图3-23）：

图3-19　洗眼液、三角警告牌和轮挡

图3-20　反光背心、防爆灯、护目镜和防护手套

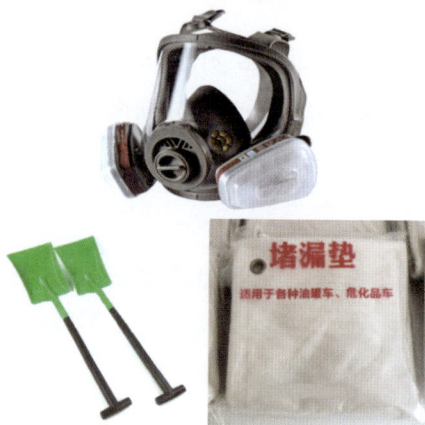

图3-21　应急逃生面具、防爆铲和堵漏垫

图3-22　随车携带基本应急救援设备标准套装

（1）对于危险货物危险标志式样为2.3项或6.1项，每位驾押人员随车携带一个应急逃生面具，逃生面具的功能需与所装载化学品相匹配（如具备气体或粉尘过滤功能)。

（2）对于危险货物危险标志式样为第3类、4.1项、4.3项、第8类或第9类固体或液体的危险货物，还应配备：

①一把铲子（对具有第3类、4.1项、4.3项危险性的货物，铲子应防爆）；

②一个下水道口封堵器具，如堵漏垫、堵漏袋等。

下面分别以厢式货车和罐车为例，举例说明。

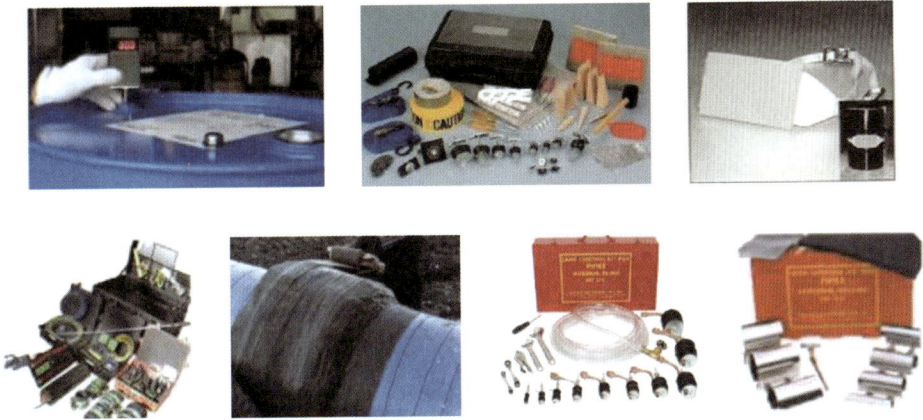

图3-23 不同类型堵漏设备示意图

1）装运锂电池的厢式货车

锂离子电池，UN 3480，第9类，应急工具见表3-6。

装运锂电池时随车应急工具　　　　　　　表3-6

工具类项	具体设备
应急装备	（1）灭火器（水基灭火器或干粉灭火器）； （2）驻车轮挡； （3）三脚警示牌； （4）眼部冲洗液； （5）防爆铲； （6）堵漏器具等
个人防护设备	（1）反光背心； （2）防爆便携式照明设备； （3）绝缘手套； （4）防飞溅护目镜； （5）绝缘服； （6）绝缘靴； （7）正压式呼吸器； （8）全面罩； （9）消防头盔

2）装运丙烯酸的罐车

丙烯酸，UN 2218，主要危险性为第8类，次要危险性为第3类，包装类别Ⅱ。应急工具见表3-7及图3-24。

装运丙烯酸时随车应急工具   表3-7

工具类项	具体设备
应急装备	（1）灭火器（水基灭火器或干粉灭火器）； （2）驻车轮挡； （3）三脚警示牌； （4）眼部冲洗液； （5）防爆铲； （6）堵漏器具等
个人防护设备	（1）反光背心； （2）防爆便携式照明设备； （3）防护性手套； （4）防飞溅护目镜； （5）防护服； （6）呼吸器具

图3-24　装运丙烯酸的罐车随车携带主要应急设备示意图

第四章
CHAPTER 4

危险性信息传递

将危险货物的安全风险，清楚、准确地传递给运输链条上的每个参与方，以便其采取有效的安全防控及应急处置措施，对于危险货物运输安全非常重要。危险性传递工具主要包括以下五种（图4-1）。

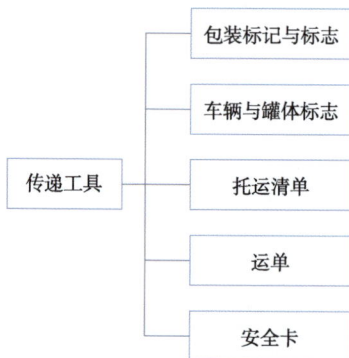

图4-1 危险性传递工具

第一节 包装标记与标志

一、包件标志

危险货物包件应按照内装货物的主要和次要危险性，在表面分别张贴对应的危险性标志（图4-2）。

图4-2 菱形标志示例

危险货物包件的标志形状为与水平线呈45°角的正方形（菱形），尺寸最小应为100mm×100mm，菱形边缘内侧线的最小宽度应为2mm，内侧线与边缘之间的距离为5mm（图4-3）。

标志内容包含类别图形、说明危险性的附加文字（如"易燃""剧毒"）、数字（如爆炸品"1.1""1.2""1.3"项）或字母（如爆炸品装配组"D"）以及类别、项别数字（如"6"类"5.2"项）。

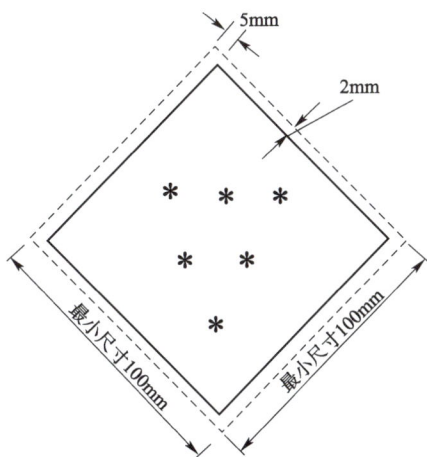

图4-3　菱形标志尺寸

二、包件标记

危险货物包件标记，主要显示内装危险货物的UN编号、名称、属性和放置方向等信息。

1. UN编号标记

包件外部应标识危险货物的UN编号，一般情况下字母"UN"和编号的高度不小于12mm，容量小于等于30L或净质量小于或等于30kg的包件或水容积小于或等于60L的气瓶，标记高度应不小于6mm（图4-4）。

图4-4　包件UN编号标记

如果危险物品采用无包装运输，标记应标示在物品或其托架或装卸、存储设施上（图4-5）。

2. 部分危险货物特殊标记

部分危险货物包件表面还应具有额外的标记，如：

（1）第1类爆炸品应在包件上标记危险货物正式运输名称。

（2）第2类未另作规定的类属条目的气体或混合气体，可在充装容器应标记气体的UN编号和正式运输名称。如果充装的是压缩气体或液化气体，还应标记其最大充装质量和容器自质量（或总质量）。

（3）对于危害环境物质，在包件表面还应具有危害环境标记等信息（图4-6）。

图4-5　危险货物物品

图4-6　粘贴危害环境标记

危害环境物质标记为与水平线呈45°角的正方形，符号（树）为黑色，（鱼）为白色，底色为白底或其他反差鲜明的颜色，最小尺寸为100mm×100mm，菱形边线的最小宽度为2mm（图4-7）。

图4-7　危害环境标记尺寸

3. 方向标记

内容器装有液态危险货物的组合包装、配有通风口的单一包装还应粘贴方向标记，确保在运输过程中以正确的朝向放置，防止因操作人员误操作引起内装危险货物泄漏（图4-8）。

方向标记应粘贴在包件相对的两个垂直面上，箭头朝上（图4-9）。

图4-8 方向标记示例

图4-9 包件的方向标记

第二节 车辆及罐体标志

一、标志灯

标志灯灯体正面为等腰三角形状，标志灯正、反面中间印有"危险"字样，侧面印有"！"，灯罩正面下沿中间嵌有标志灯编号牌。灯罩材料中有荧光物质或表面附着荧光膜，夜间发光可视距离不少于150m（图4-10）。

标志灯安装于驾驶室顶部外表面中前部（从车辆侧面看）中间（从车辆正面看）位置。有A型磁吸式、B型顶檐支撑式、C型金属托架式等三种类型。可根据危险货物运输车辆核定载质量选取安装对应类型标志灯。

图4-10　标志灯示意图

二、标志牌

1. 菱形标志牌

使用集装箱、罐式集装箱、可移动罐柜运输危险货物时，标有货物危险性信息的菱形标志牌应喷涂或固定在集装箱、罐式集装箱和可移动罐柜的每个侧壁（左右侧）和两端（前后端）（图4-11）。

而对于装运集装箱、罐式集装箱、可移动罐柜的车辆，只有在从运输车辆外无法看清喷涂或固定于集装箱、罐式集装箱或可移动罐柜上的菱形标志牌时，才会在车辆两个外侧壁（左右侧）和尾部（后端）喷涂或固定菱形标志（图4-12）。

图4-11　罐式集装箱菱形标志牌

图4-12　危险货物集装箱运输车

对于罐式车辆、厢式货车、运输散装危险货物的车辆和仅运输包件的车辆，只需在车辆两个外侧壁（左右侧）和尾部（后端）喷涂或固定菱形标志（图4-13、图4-14）。

图4-13　爆炸品运输厢式货车

图4-14　盐酸运输罐式车辆

与包件类似，悬挂菱形标志应显示待运危险货物类别或项别，但对标志尺寸大于应满足以下要求。菱形标志牌满足要求为：水平面呈45°角的正方形，最小尺寸为250mm×250mm，内有一条边缘内侧线，距边缘距离为12.5mm（图4-15）。

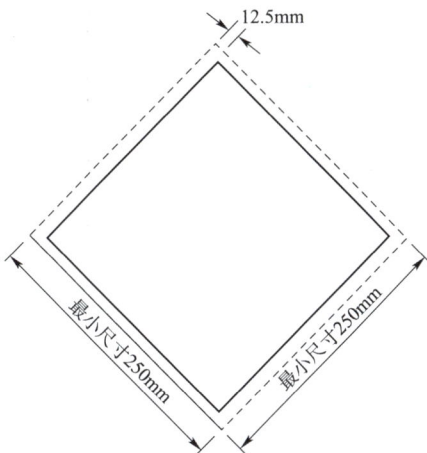

图4-15　车辆菱形标志尺寸

标志内容同样包含类别图形、说明危险性的附加文字、数字或字母以及类别、项别数字，与包件的菱形标志内容完全一致。

2. 矩形标志牌

《危险货物道路运输规则　第5部分：托运要求》（JT/T 617.5—2018，以下简称JT/T 617.5）中规定了矩形标志牌的要求，在危险货物运输车辆的前端和后端悬挂矩形标志，可用于传递装载货物的UN编号信息和危险性识别号信息（图4-16）。

矩形标志牌材质应反光，板底长400mm、高300mm，并有15mm宽的黑色水平边缘线将其分为两部分，周边边缘线宽15mm。使用的材料应能够经受日晒雨淋而不显著减弱其显示功能。此外，标志牌的危险性识别号和UN编号应清晰可见，标志牌放在

图4-16　危险货物运输车辆矩形标志牌悬挂

大火中烧15min后应不影响其显示功能（图4-17）。

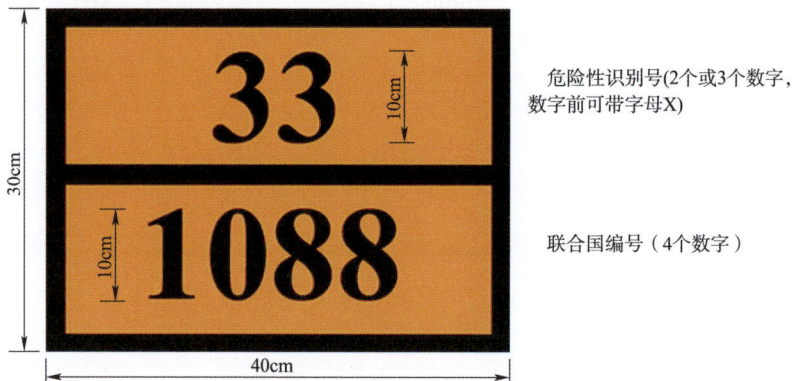

危险性识别号(2个或3个数字，数字前可带字母X)

联合国编号（4个数字）

图4-17　车辆矩形标志尺寸

3. 特殊标志牌

1）高温物质标记

罐式车辆、罐式集装箱、可移动罐柜、集装箱或车辆，在运输或配送温度大于或等于100℃的液态物质、或温度大于或等于240℃的固态物质时，应在车辆的两外侧壁和尾部，集装箱、罐式集装箱、可移动罐柜的两侧壁和前后两端粘贴高温物质标记（图4-18）。

高温物质标记为等边三角形。标记颜色为红色，每边长不应小于250mm。高温物质标记尺寸可适当放大，但所有要素均应与图例比例一致（图4-19）。

图4-18　危险货物运输车辆高温标记

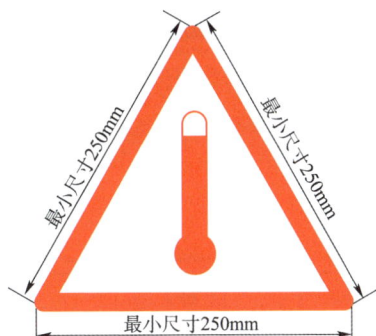

图4-19　高温标记尺寸

2）危害环境物质标记

若集装箱、罐式集装箱、可移动罐柜和车辆按照7.1的要求固定菱形标志牌时，其内装危险货物属于《危险货物道路运输规则　第2部分：分类》（JT/T 617.2—2018，以下简称JT/T 617.2）的5.9.7规定的危害环境的物质，则同时粘贴或固定危害环境物质标记（图4-20）。

图4-20　车辆危害环境标记

在集装箱、罐式集装箱、可移动罐柜和车辆上粘贴的危害环境物质标记，应符合包件危害环境标记的要求，尺寸不应小于250mm×250mm，所有要素均应与图4-7比例一致。

三、安全标示牌

运输爆炸品和剧毒化学品的车辆后部和两侧应当安装安全标示牌。

安全标示牌式样为白底黑字，要清晰完整地填写危险货物的品名和种类、罐体或厢体容积、荷载质量、施救方法及联系方式等信息（图4-21、图4-22）。

注：N₁类车辆，$a=400mm, b=200mm, N_2$、N_3和O类车辆，$a=600mm, b=300mm$。

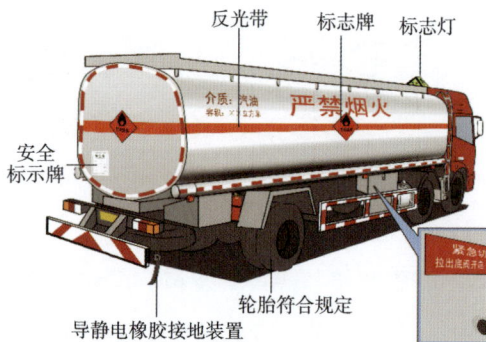

图4-21　罐式车辆安全标示牌

注：N₁类车辆，$a=400mm, b=200mm, N_2$、N_3和O类车辆，$a=600mm, b=300mm$。

图4-22　厢式车辆安全标示牌

四、车身反光标识和尾部标志板

除标志灯、标志牌、安全标示牌外，危险货物运输车辆还要按要求悬挂或者粘贴车身反光标识和尾部标志板。道路运输爆炸品和剧毒化学品的车辆，还应在车辆的后部和两侧粘贴能标示车辆轮廓、宽度为150mm+20mm的橙色反光带（图4-23）。

图4-23 反光带、安全标志牌示意图

第三节 托运清单

按照《危险货物道路运输安全管理办法》和JT/T 617.5的要求，托运人在托运货物之前，应向承运人提交电子或纸质形式的托运清单（图4-24），以便承运人清楚了解危险货物的分类、数量、危险特性等信息，选择合适的运输车辆和包装，并配备有效的应急处置工具。

货物装运单

购货方：上海××公司　　　　上海市××路××号
收货方：上海××仓库　　　　上海市××路××号　收货负责人：021-×××
物流服务商：上海××公司　　车辆信息：沪×××　　箱/罐/封号：×××

订单号：×××　　发货单号：×××　　物料号：×××

提货地址：上海××公司　　上海市××区××路××号　tel:021-×××
产品性质：
　　　1-甲氧基-2丙醇溶液　危货类别:3　UN3092　包装类别:Ⅲ
　　　危险特性及注意事项：×××

合计件数：50　合计毛重：1113.9kg　合计净重：1000kg

紧急热线：021-×××

图4-24　危险货物托运清单示例

危险货物托运清单至少应包含以下信息：

（1）托运人的名称和地址：单位的名称及地址可使用全称或简称。

（2）收货人的名称和地址：单位的名称及地址可使用全称或简称。

（3）装货单位名称：单位的名称可使用全称或简称。

（4）实际发货/装货地：始发地可填写具体地址或地址简称，但一般情况下名称应包括地级市。

（5）实际收货/卸货地址：目的地可填写具体地址或地址简称，但一般情况下名称应包括地级市。

（6）运输企业名称：运输企业名称需用全称。

（7）所托运危险货物的UN编号（含大写"UN"字母）：所托运危险货物UN编号应符合JT/T 617.2、《危险货物道路运输规则 第3部分：品名及运输要求索引》（JT/T 617.3—2018，以下简称JT/T 617.3）中表A.1的要求。

（8）危险货物正式运输名称：按照JT/T 617.3中表A.1第（2a）列规定填写。

（9）危险货物类别及项别：符合JT/T 617.2、JT/T 617.3中表A.1的要求。

（10）危险货物包装类别及规格：按照JT/T 617.2包装类别号码，加上前缀"PG"（如"PGⅡ"）。包装规格为危险货物包装容器的材质、形状、容积（如30m³罐车）。

（11）危险货物运输数量：可用体积（如m³）、质量（如t）或件数表示。

（12）24h应急联系电话：应急联系电话为能够为承运人或应急救援队伍提供该产品泄漏、吸入等意外情况应急处置措施指导的电话。该电话应保证24h畅通。

（13）安全和货物危险特性信息：必要的危险货物安全信息，作为托运清单附录，主要包括操作、装卸、堆码、储存安全注意事项以及特殊应急处理措施等。有关危险货物危险特性、运输注意事项等内容附录，可附在托运清单之后，也可单独制作一个文档提供给承运人。

第四节　运　　单

按照《危险货物道路运输安全管理办法》和JT/T 617.5的要求，危险货物承运人应当制作危险货物道路运输运单，并交由驾驶员随车携带，且危险货物道路运输运单保存期限不得少于12个月。

为进一步贯彻《危险货物道路运输安全管理办法》，严格落实危险货物道路运输运单制度，交通运输部于2020年发布了《交通运输部办公厅关于加强危险货物道路运输运单管理工作的通知》（交办运函〔2020〕531号），要求在2021年1月1日前实现全国范围内危险货物运单电子化。

JT/T 617.5给出了危险货物道路运输运单的基本格式（图4-25）。运单的业务流程、制作、校验、样例等详见第六章。

危险货物道路运输运单

运单编号：							
托运人	名称		收货人		名称		
	联系电话				联系电话		
装货人	名称		起运日期				
	联系电话		起运地				
目得地						□ 城市配送	
承运人	单位名称		联系电话				
	许可证号						
	车辆信息	车牌号码(颜色)		挂车信息		车牌号码	
		道路运输证号				道路运输证号	
	罐体信息	罐体编号			罐体容积		
	驾驶员	姓名		押运员		姓名	
		从业资格证				从业资格证	
		联系电话				联系电话	
货物信息	包括序号，UN 开头的联合国编号，危险货物运输名称，类别及项别，包装类别，包装规格，单位，数量等内容，每项内容用逗号隔开						
备注				（电子运单二维码＊）			
调度人：				调度日期：			

注：＊表示电子运单会由系统生成二维码。

图4-25 危险货物道路运输运单格式

第五节 安 全 卡

    按照《危险货物道路运输安全管理办法》和JT/T 617.5的要求，在运输开始前，承运人应告知驾驶员所装载的危险货物信息，并提供道路危险货物运输安全卡，确保其掌握内容并正确操作。道路危险货物运输安全卡由以下四部分内容组成。

一、基本应急救援措施

第一部分规定事故发生后，驾押人员需采取的基本应急救援措施。具体措施要求见表4-1。

事故或事件应急救援措施　　　　　　　　　表4-1

若运输过程中发生事故或事件，驾押人员应在安全可行的情况下采取如下措施：

a）制动，通过总开关关闭发动机和隔离蓄电池（电源）；

b）避免火源，特别禁止吸烟，禁止使用电子香烟（或相似设备），禁止打开任何电子设备；

c）向相关主管部门报告，尽可能多提供关于事故或事件的信息、运输的货物信息；

d）穿上警示背心，并在恰当的地方放置自立式警示标志；

e）备好运输单据，以便救援人员及时获取有关信息；

f）不应走近或碰触泄漏的危险货物，不应站在下风口；

g）在安全可行情况下，使用灭火器扑灭轮胎、制动系统和发动机的小火或初始火源；

h）驾押人员不可处理装载间（货箱）的火源；

i）在安全可行情况下，使用随车工具阻止物质渗漏到水生环境或下水道系统中，收集泄漏危险货物；

j）撤离事故或应急事件现场，建议其他人员撤离并听从应急救援人员的建议；

k）脱掉被污染的衣物，以及已使用且被污染的防护设备，并将其进行安全处理

二、应急防护措施

第二部分规定不同类别、项别危险货物发生危险事故时可能造成的后果，以及驾押人员应采取的防护措施。部分类别、项别危险货物的防护措施见表4-2。

菱形标志牌、危险特性及防护措施建议表　　　　　　表4-2

菱形标志牌			危险特性	防护措施建议
爆炸品			可能产生一系列的反应和影响（如大规模爆炸、碎片迸射、由火源或热源产生强烈的反应、发出强光、产生大量的噪声或烟雾）对撞击和/或冲击和/或热敏	利用掩护物躲避，并远离窗口
1	1.5	1.6		

续上表

菱形标志牌	危险特性	防护措施建议
非易燃无毒气体 2.2	窒息危险； 可能产生压力； 可能引起冻伤； 受热时装置可能爆炸	利用掩护物躲避； 禁止进入低地势区域
易燃液体 3	火灾危险； 爆炸危险； 受热时装置可能爆炸	躲藏； 禁止进入低地势区域
遇水放出易燃气体的物质 4.3	遇水产生火灾和爆炸的危险	通过遮盖溢出物，保持溢出物质干燥
有机过氧化物 5.2	高温下，与其他物质（如酸、重金属混合物或动物）接触、摩擦或震动，有放热分解的风险； 可能产生有害和易燃气体或蒸气，或自燃物质	避免与易燃或可燃物质（如锯屑）混合
毒性物质 6.1	通过吸入、皮肤接触或摄入等方式有中毒危险； 对水生环境或污水排水系统有危害	使用应急逃生面具

续上表

菱形标志牌	危险特性	防护措施建议
放射性物质 7A　　7B 7C　　7D 7	有吸入及外辐射风险	限制暴露时间
腐蚀性物质 8	腐蚀的灼伤危险； 遇水和其他物质，彼此会发生剧烈反应； 溢出物质可以形成腐蚀性液化气； 对水生环境或污水排水系统有危险	—
杂项危险物质和物品 9	灼伤危险； 火灾危险； 爆炸危险； 对水生环境或污水排水系统有危险	—

三、危害环境物质和高温物质防护措施

第三部分规定危害环境物质和高温物质发生事故时可能造成的后果，以及驾押人员应采取的防护措施（表4-3）。

危害环境物质和高温物质防护措施建议表　　　　表4-3

标记	危害特性	防护措施建议
 危害环境物质标记	对水生环境或排水系统有危害	—
 高温物质标记	高温灼伤危险	避免与运输单元的发热部件和溢出物质接触

四、基本安全应急设备

第四部分规定运输过程中应随车携带的基本安全应急设备（表4-4）。

运输过程中应随车携带的基本安全应急设备　　　　表4-4

运输单元应配备以下装备：

a）每辆车辆携带与最大允许总质量和车轮尺寸相匹配的轮挡；

b）一个三角警告牌；

c）眼部冲洗液（第1类和第2类除外）。

每位驾押人员，应携带：

a）反光背心；

b）防爆的（非金属外表面，不产生火花）便携式照明设备；

c）合适的防护性手套；

d）眼部防护装备（如护目镜）。

特定类别危险货物附加装备应包括：

a）若危险货物危险标志式样为2.3项或6.1项，为每位驾押人员随车携带一个应急逃生面具，应急逃生面具的功能需与所装载化学品相匹配（如具备气体或粉尘过滤功能）；

b）对于危险货物危险标志式样为第3类、4.1项、4.3项、第8类或第9类固体或液体的危险货物，还应至少配备以下装备：

（a）一把铲子（对具有第3类、4.1项、4.3项危险性的货物，铲子应防爆）；

（b）一个下水道口封堵器具，如堵漏垫、堵漏袋等

第五章

CHAPTER 5

危险货物装卸

第一节　装货前查验

一、装货人定义

装货人一般是指受托运人委托将危险货物装进危险货物车辆、罐式车辆罐体、可移动罐柜、集装箱、散装容器，或者将装有危险货物的包装容器装载到车辆上的企业或者单位。

装货人可以包含多种角色，例如，危化品生产、经营、储存及使用企业，民用爆炸物品生产、销售企业，烟花爆竹生产、经营企业，危险废物处置单位等都可能成为装货人。

常见的两种场景有：

1. 生产经营企业现场装货

在危险化学品生产经营企业厂区，由生产经营企业通过装卸操作台，将气体或液体危险货物灌装到罐车罐体或罐式集装箱中，或将包件装载到车辆上。

2. 第三方仓库装货

存放于第三方仓库的危险货物（通常为包件），如果该危险货物装卸作业通常由第三方仓库经营人来负责，在这种情况下装货人为第三方仓库经营人。

二、装货人职责

《危险货物道路运输安全管理办法》第二十八条规定，装货人应当在充装或者装载货物前查验以下事项；不符合要求的，不得充装或者装载：

（1）车辆是否具有有效行驶证和营运证；

（2）驾驶员、押运员是否具有有效资质证件；

（3）运输车辆、罐式车辆罐体、可移动罐柜、罐箱是否在检验合格有效期内；

（4）所充装或者装载的危险货物是否与危险货物运单载明的事项相一致；

（5）所充装的危险货物是否在罐式车辆罐体的适装介质列表范围内，或者满足可移动罐柜导则、罐箱适用代码的要求。

以上，简称装货前"五必查"。下面分别以厢式车辆和罐式车辆举例说明。

例1：厢式车辆装货前查验内容见表5-1。

厢式车辆装货前查验检查表　　　　　　　　表5-1

检查项目	检查内容	示例
车辆行驶证和道路运输证	查验车辆行驶证和道路运输证是否有效	

续上表

检查项目	检查内容	示例
驾驶员和押运员从业资格证件	查验驾驶员和押运员从业资格证件是否有效	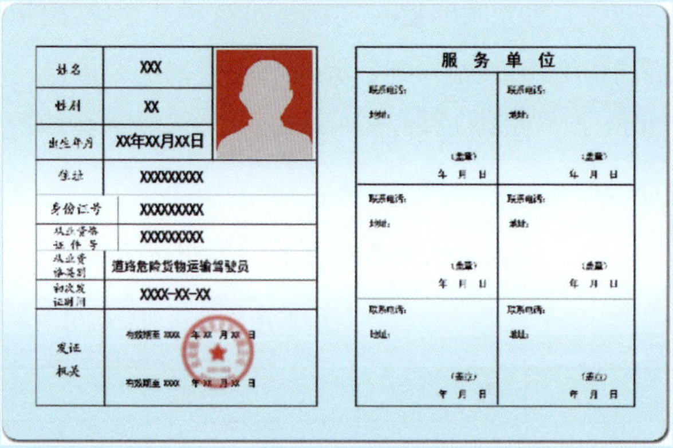
运输车辆安全技术检验合格证	查验机动车检验合格标志是否在有效期内	
危险货物道路运输运单	查验所装载的危险货物是否与危险货物道路运输运单载明的事项相一致	（见本书图4-25）

156

例2：罐式车辆装货前查验内容见表5-2。

罐式车辆装货前查验检查表 表5-2

检查项目	检查内容	示例
车辆行驶证和道路运输证	查验车辆行驶证和道路运输证是否有效	
驾驶员和押运员从业资格证件	查验驾驶员和押运员从业资格证件是否有效	

检查项目	检查内容	示例
运输车辆安全技术检验合格证	查验机动车检验合格标志是否在有效期内	
运输车辆安全技术检验合格证	查验罐式车辆罐体定期检验合格证是否在有效期内	
危险货物道路运输运单	查验所装载的危险货物是否与危险货物道路运输运单载明的事项相一致	（见本书图4-25）

续上表

检查项目	检查内容	示例
所充装的危险货物是否在罐式车辆罐体的适装介质列表范围内	所充装的危险货物是否在罐式车辆罐体的适装介质列表范围内	罐体设计适装介质列表 车辆牌号：××××××（出厂编号：××××××）的罐体，所检项目符合 GB 18564.1—2019《道路运输液体危险货物罐式车辆第1部分：金属常压罐体技术要求》附录D.2定期检验项目的技术要求。按照《危险货物道路运输安全管理办法》、GB 18564.1—2019等规章、标准的要求，危险货物承运单位确需变更在用罐车适装介质列表的，在罐体检验前向原罐车生产企业提出变更要求，罐车生产企业应基于罐体设计和制造过程的技术资料，依据相标准相理念对承运单位提出的申请进行确认，对符合罐车安全技术和罐体兼容性条件的，向危险货物承运单位出具新的适装介质列表，并将适装介质列表变更的依据及相关设计、制造技术资料一并提供给危险货物承运单位，检验机构依据制造单位出具的介质列表在报告中体现，并把介质列表拍照电子存档报告系统中。危险货物承运单位应更换适装介质应对罐体清洗中和蒸煮置换，根据介质密度严格控制充装量，最大允许充装量不得超过罐车核定载质量。 序号／介质名称 1 汽油 检验：2021-04-12　　审核：2021-04-16

💡 **案例分析**

"7·19"沪昆高速公路客货车相撞事故

2014年7月19日2时57分，湖南省邵阳市境内沪昆高速公路1309km33m处，一辆自东向西行驶运载乙醇的轻型货车，与前方停车排队等候的大型普通客车发生追尾碰撞，轻型货车运载的乙醇瞬间大量泄漏起火燃烧，致使大型普通客车、轻型货车等5辆车被烧毁，造成54人死亡、6人受伤（其中4人因伤势过重医治无效死亡），直接经济损失5300余万元（图5-1）。

其中，涉事单位长沙市某化工企业违反《危险化学品安全管理条例》规定，安全管理制度不落实，未查验承运危险货物的车辆及驾驶员和押运员的资质，多次为肇事轻型货车充装乙醇，装货前检查缺失是导致这起重大事故的主要原因之一。

图5-1 "7·19"沪昆高速公路客货车相撞事故现场图

第二节　货物装载

一、厢式车辆

1. 一般规定

（1）装货人应当按照相关标准进行装载作业。

（2）装货人在对车辆及其装卸载设备检查时，发现不满足法规或标准要求时，不得进行装载。

（3）装货人在装载之前应检查车辆技术状况，如果发现安全隐患，不得进行装载作业。

2. 包件混合装载要求

（1）带有第1类、1.4项、1.5项或1.6项标志的包件，在同一车辆或集装箱中混合装载时，应符合表5-3的规定。

（2）带有有限数量标志的包件，禁止与其他含有爆炸物质或物品的货物混合装载。

含第1类物质或物品不同配装组的包件混合装载要求　　　　表5-3

配装组	A	B	C	D	E	F	G	H	J	L	N	S
A	X											
B		X		a								X
C			X	X	X		X				b c	X
D		a	X	X	X		X				b c	X
E			X	X	X		X				b c	X
F						X						X
G			X	X	X		X					X
H								X				X
J									X			X
L										d		
N			b c	b c	b c						b	X
S		X	X	X	X	X	X	X	X		X	X

注：X——允许混合装载。

　a——含有第1类物品的配装组 B 和含有第1类物质和物品的配装组 D 的包件，如果经具有专业资质的第三方机构认可的内部使用单独隔舱或者将其中一个配装组放入特定的容器系统从而有效防止配装组 B 爆炸危险性传递给配装组 D，可以装载在同一个车辆或集装箱中。

　b——不同类型的 1.6 项 N 配装组物品只有通过实验或类推证实物品间不存在附加的殉爆风险时，可以按 1.6 项 N 配装组一起运输，否则应被认定具有 1.1 项的风险。

　c——配装组 N 的物品和配装组 C，D，E 的物质或物品一起运输时，配装组 N 的物品应被认为具有配装组 D 的特征。

　d——含配装组 L 的物质和物品的不同类型的包件可以在同一车辆或集装箱内混合装载。

常见危险货物包装装载及固定形式见表5-4。

常见危险货物包装装载及固定形式　　　　表5-4

固定形式	图示
支撑墙	

续上表

固定形式	图示
缠绕膜 / 热塑膜	
塑料、不锈钢扎带	
边缘保护材料	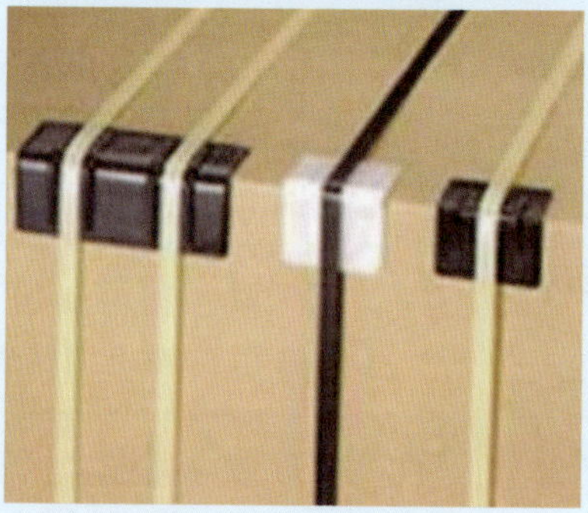

3.运输量限制

装载货物不得超过运输车辆的核定载质量。

4.操作和堆放

（1）在车辆上，应视情况配备紧固和搬运装置（图5-2）。

1 含有危险物质的包件或无包装的危险货物应通过紧固带、滑动板条或扣式装置等合适手段进行紧固，防止运输途中货物出现晃动，改变包件朝向或造成损毁	**2** 危险货物与其他非危险货物混合运输时，应确保所有货物已安全固定，防止危险货物泄漏	**3** 可以通过衬垫、填充物或支撑物等方式填充空隙，防止货物移动	**4** 使用紧固带或绷带时，不要固定过紧以防造成包件的变形和损毁

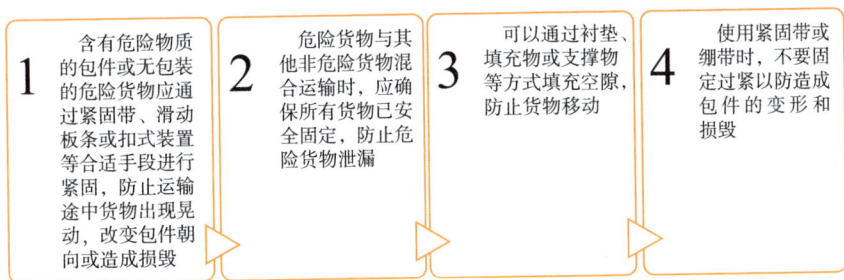

图5-2　操作及堆放要点

（2）除非包件设计为可堆码，否则不应堆码。不同类型包件装载堆码时，应避免包件堆码可能导致的挤压、破损。堆码不同包件应根据需要使用承载装置，以防下层包件受损。

（3）装卸过程中，应采取保护措施防止装有危险货物的包件受损。

（4）车组成员不可打开装有危险货物的包件。

小知识

锂电池装载

装载锂电池包件的运输单元应该足够坚固，能够承受运输过程中通常会遇到的撞击和装卸，并考虑到预定行程中可能出现的条件。运输单元应该酌情装有便于紧固和搬动危险货物的装置（图5-3）。

图5-3　装载示意图

装货前应该对运输单元的内部和外部进行检查，确保没有损坏，以免可能影响运输单元或待装包件的完整性。

装有锂电池的包件和无包装的大型锂电池设备，应该用能够固定住货物的适当办法(例如紧固绳索、滑动条板、可调节托架等)固定在运输单元内，以防在运输过程中发生包件放置方向改变或造成包装件损坏的任何移动。锂电池与其他货物（例如重型机器或板条箱）一起运输时，所有货物应该牢靠地固定或封装在运输单元内，以便防止危险货物漏出。也可以使用衬垫填塞空隙，或使用阻塞和紧固装置防止包装件移动。在使用箍条或绳索等紧固装置时，不得系得太紧致使包件受损或变形。

包件应通过堆码试验后，才允许堆叠在一起。必要时，堆叠的包件应使用支承装置，防止堆放在下面的包件受损。

装有锂电池的包件在装货和卸货过程中应该加以保护，以防受到损坏。应该特别注意在准备运输过程中包件的搬运、运载包件的运输单元类型，以及装货或卸货的方法，以免因拖拽或操作不当使包件受到意外损坏。已经泄漏或损坏的包件，不得接受运输。如果发现包件已损坏到锂电池漏出的程度，则损坏的包件不得运输，而应该按照主管部门的指示，或按照锂电池紧急处理措施的指定负责人员的指示，将之搬到安全的地方。

装卸过程中，禁止在车辆附近和内部、集装箱周边有明火，以及抽烟或使用电子香烟等其他类似产品。

相关作业人员不可打开装有锂电池的包件。

二、罐式车辆

1. 一般规定

（1）装货人应当按照相关标准进行充装作业。

（2）运输过危险货物的罐体不得装运食品。

2. 装载前产品信息确认

1）前次装载产品确认

罐车前次装载的某些货物可能与本次装载货物介质不相容，因此，需确认前次运输装载货物信息。

在装货前，装货人一方面应核对运输公司提供的罐体前次装载产品信息及清洗方式，另一方面还应对罐体、装料口、出口阀门、罐体顶盖等部分进行残余物质的清洁度进行检查。

2）罐体清洗要求

如果罐车前次装载的某些货物与本次装载货物介质不相容，应按照相关操作规程对罐车内部进行彻底清洁。

案例分析

茂名高州市金墩勇昌公司"4·11"闪爆事故

2021年4月11日23时36分许，在高州市某贸易公司油库内发生一起油罐车充装油品过程中闪爆起火事故，造成1人死亡，直接经济损失约248万元。

事故主要原因：涉事重型罐式货车到达油库装运油品前运载过汽油，但该车槽罐未进行清洗和安全处理，罐内充满了油气（汽油-空气混合物）。该车在油库充装油品时，驾驶员丁某使用一根PVC管进行接驳装油，插入槽罐的PVC管表面积聚了大量电荷，且该车辆在油品充装前没有进行接地连接消除静电，导致产生的大量电荷无法及时消除，最后静电放电产生电火花进而引发罐内的油气（汽油-空气混合物）闪爆燃烧。

---

3. 充装量及充装率的控制

充装前应通过计划装载量与车辆核定装载质量进行比较，确保计划装载不超过车辆允许荷载量。此外，还应该通过装载前空载过磅，确认空载状态，避免车内原有残余过多造成超载，以及装载后的重载过磅复核，避免实际超载。

4. 充装作业及检查要求

除非隔舱隔板厚度大于罐体壁厚，否则可能发生危险化学反应的物质不得在罐体相邻隔舱内运输。可能发生危险化学反应的物质可以使用一个空舱隔开。

充装人在罐体充装后应检查罐体封闭装置是否泄漏。

当多道封闭装置串联在一起时，最靠近充装物质的封闭装置应首先关闭。

1）装车前检查

装车前检查主要内容见表5-5。

装车前检查表   表5-5

序号	检查内容
1	完成本部分第一节要求的检查确认工作
2	关闭罐体上所有不用于充装作业的所有阀门和开口
3	已完成过磅，并确认好灌装量和充装度
4	再次核对车号、罐号、物料、吨位、装货地点无误，允许车辆放行进入充装作业指定位置
5	所有参与充装作业人员均应穿戴好相应的个人防护用品，涉及到高处作业做好防坠落保护措施
6	放置轮挡，连接好静电接地系统，并确认其已经有效连接
7	正确连接装车工艺管线、气相平衡系统

2）装车过程检查

装车过程检查主要内容见表5-6。

装车过程检查表   表5-6

序号	检查内容
1	装车前检查项目完成确诊后，开始启动充装作业
2	充装过程中合理控制流速，避免静电积聚和水锤效应
3	装车过程中观察流量是否平稳，装车臂、法兰、阀门及罐车有无跑、冒、滴、漏，如有异常立即停止装车，待处理正常后再继续装车

3）充装作业后检查

充装作业后检查主要内容见表5-7。

充装作业后检查表　　　　　　　　表5-7

序号	检查内容
1	按相关操作规程做好相关作业
2	收回装车臂归位，轻慢关闭装料口，拧紧、盖好、加装铅封（必要时）
3	移开轮挡，拆除静电接地系统
4	检查危险货物标志牌等必要运输信息后，引导罐车驶离充装作业台

三、有限数量危险货物

1）混合装载

装载有限危险货物时，可与一般危险货物、普通货物混合装载，但不得与第1类爆炸品混合装载。

2）装载操作

（1）有限数量采用的包件若由易受潮湿环境影响的材质制成，应通过侧栏车辆、封闭式车辆、软开顶集装箱或封闭式集装箱进行装载。

（2）车辆、集装箱和驾驶员，应符合或遵守相应的管理规定。装卸管理人员在检查相关文件或对车辆或集装箱进行目视检查时，发现不符合规定的，不得进行装载。

（3）装载之前应检查车辆或集装箱内外，以确保不存在影响车辆、集装箱或包件整体性的损坏。检查发现存在可能影响装载安全的缺陷，不得进行装载。

（4）装载作业前应对照有限数量危险货物运单，核对有限数量危险货物的名称、包装规格、包件数量，并认真检查货物包装外表面。若有限数量的标记与运单不符或装载操作不符合有关规定的，不得进行装载。

（5）所有包件都应按照其设计和测试过的操作方法进行装载作业。

（6）有方向标记的包件与集合包装应根据方向标记进行装载。

（7）不得打开装有有限数量危险货物的包件。

（8）在有限数量危险货物的装载过程中，禁止在车辆、集装箱的附近和内部吸烟。同时也严禁使用电子香烟等其他类似产品。

3）堆垛和系固

（1）车辆或集装箱应视情况配备方便的系固和搬运的装置。车辆或集装箱中的有限数量的包件，应通过紧固带、滑动板条和扣式装置等合适手段进行系固，防止运输途中货物出现移动或造成破损。有限数量与其他普通货物混载运输时，所有货物均应堆垛、系固完好。当使用紧固带或捆扎带进行系固时，不得系固过紧以致包件破损或变形。

（2）可通过使用衬垫填充材料或支撑物等方式防止货物移动。

（3）除非包件设计为可堆垛，否则不应堆垛。不同类型包件一同堆垛时，应考虑包件之间的堆垛适宜性。必要时，应考虑防止承载设备对下层包件的磨损。

4）装卸和清洗

装有有限数量危险货物的车辆或集装箱卸载后，若发现有内容物洒落，应立即对其进行清洗。如果无法在卸载点清洗，应将车辆或集装箱运输到最近的合适地点进行清洗，并采取恰当的措施保证运输的安全性，防止更大的洒落或泄漏。

第三节　装货后检查与登记

一般危险货物装货后，装货人还应当检查确保危险货物运输车辆按照《道路运输危险货物车辆标志》（GB 13392）要求安装、悬挂标志灯和标志牌（图5-4）。

图5-4　运输甲醇的罐车

确保包装或容器没有损坏或者泄漏。

罐式车辆罐体、可移动罐柜、罐箱的关闭装置处于关闭状态（图5-5）。

图5-5　紧急切断阀关闭

　　爆炸品和剧毒化学品装货后，装货人还应当检查确保车辆安装、粘贴符合《道路运输爆炸品和剧毒化学品车辆安全技术条件》（GB 20300）要求的安全标示牌（图5-6）。

　　装货人应当建立危险货物装货记录制度，记录所充装或者装载的危险货物类别、品名、数量、运单编号和托运人、承运人、运输车辆及驾驶员等相关信息，并将记录本妥善保存，保存期限不得少于12个月。

图5-6　安全标示牌示意图

第四节　货物卸载

收货人应当及时收货，并按照相应的安全操作规程进行卸货作业（图5-7）。

图5-7　罐车卸货现场图

危险货物运输车辆在卸货后不能直接实施排空作业等活动。

罐车的卸货操作主要流程如下：

1）卸货作业

对罐车的阀门、流量计等检查无误后，开始准备卸料。

卸车前主要的准备工作如下：

（1）关闭罐体上所有不用于卸车作业的所有阀门和开口；

（2）确认好准备卸载质量与目标储罐的允许卸载容积；

（3）核对车号、罐号、物料、吨位、卸货地点无误；

（4）所有参与卸车作业人员均应穿戴相应的个人防护用品，涉及高处作业人员做好防坠落保护措施；

（5）在车辆前后轮放置轮挡，连接好静电接地系统，并确认其已经有效连接。

卸货企业应建立与实际操作保持一致的翔实的操作程序，并且根据操作程序要求建立卸车作业检查表，严格执行一车一表的检查制度。

2）卸车作业后检查

罐车卸货完成后，应再次进行检查，主要内容包括：

（1）确认罐体卸载完成后，收回卸车作业软管，轻慢关闭装料口，拧紧、盖好；

（2）卸料后，罐车应静置不低于 2 min 后方可拆除静电连接线；

（3）卸料后，罐车驾驶员应在遵守公司交通规则和相关人员指挥下离开卸货场地，不应在卸货场地长期逗留。

💡 案例分析

山东临沂金誉石化 "6·5" 重大爆炸着火事故

2017年6月5日1时左右，某公司储运部装卸区的一辆液化石油气运输罐车，在卸车作业过程中发生液化气泄漏，引起重大爆炸着火事故，事故造成10人死亡、9人受伤，直接经济损失约4468万元（图5-8）。

事故直接原因：肇事罐车驾驶员长途奔波、连续作业，在午夜进行液化石油气卸车作业时，没有严格执行卸车操作规程，出现严重操作失误，致使快速接口与罐车液相卸料管未能可靠连接，在开启罐车液相球阀瞬间发生脱离，造成罐体内液化石油气大量泄漏。现场人员未能有效处置，泄漏后的液化石油气急剧气化，迅速扩散，与空气中形成爆炸性混合气体达到爆炸极限，遇点火源发生爆炸燃烧。

事故间接原因：企业液化石油气装卸车操作规程中未包含安排具备资格的装卸管理人员现场指挥或监控的规定；卸载前未严格执行安全技术操作规程，设备可靠性检查不到位、部件经常性损坏更换维护不及时；危化品装卸管理不到位，现场罐车多、24h连续超负荷进行装卸作业；未依法取得移动式压力容器充装资质和工业产品生产许可资质，特种设备管理和操作人员不具备相应资格和能力。

图5-8 "6·5"重大爆炸着火事故现场图

第六章

危险货物运输过程安全管理

第一节　运单管理

《危险货物道路运输安全管理办法》第二十四条规定，危险货物承运人应当制作道路运输危险货物运单，并交由驾驶员随车携带。危险货物道路运输运单应当妥善保存，保存期限不得少于12个月。运单已成为危险货物道路运输法定单据。随着全国实现运单全国联网，电子化运单因其便捷性、可追溯性成为运单的主要方式。

本节将从运输企业如何制作合规运单以及行业管理部门如何利用运单发挥监管作用，介绍运单派发流程、制作要点、合规要求以及监管应用。

一、业务流程

运单的核心目标是解决企业对所属车辆及人员"运输货物不清楚、承托双方不清楚、车辆状况不清楚、起讫地点不清楚"等企业安全主体责任不落实的问题，因此，运单派发主体应为运输企业，运输企业应对运单真实性、有效性负责。

另外，运单是与运输业务关联的单据，应与实际业务流程深度耦合，避免出现为满足监管要求"填写"或"上报"运单的情形。以下将结合危险货物道路运输实际业务流程，介绍运单的产生及应用（图6-1）。

（1）危险货物道路运输任务由托运企业发起，通过托运清单方式明确具体运输内容，线上或线下传达至运输企业。自货自运时，运输企业同时也为托运人。根据托运清单内容，完成运单中关于起讫点、上下游企业、货物以及日期等信息。

（2）运输企业在运输任务调度时，根据托运清单的货物信息，选择与危险货物性质、质量相适应的车辆以及驾驶员、押运员，并完成运单中企业、车辆、驾押人员、罐体等信息。

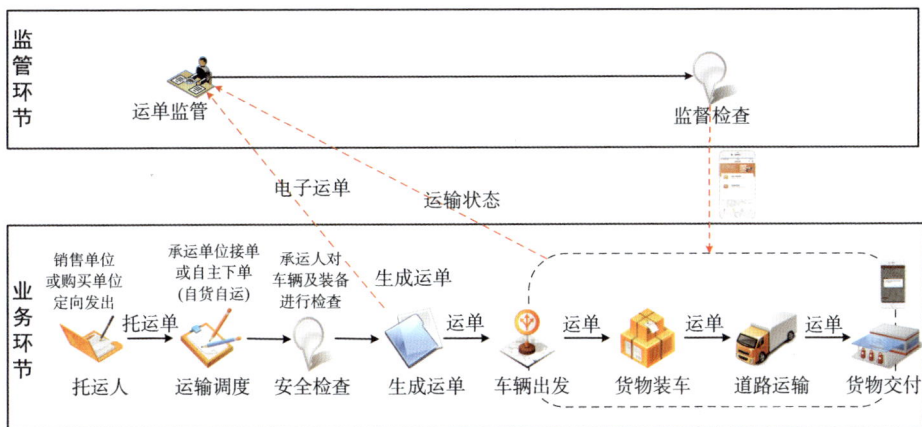

图6-1　危险货物道路运输业务流程

（3）在正式运输前，承运人应按照《危险货物道路运输安全管理办法》的规定，对运输车辆、罐式车辆罐体、可移动罐柜、罐式集装箱及相关设备的技术状况以及卫星定位装置进行检查并做好记录。安全检查应作为运单派发前置条件，检查通过的可正式生成运单。

（4）在运输过程中，驾押人员应按要求随车携带运单。采用电子运单的，可以通过手机App、微信小程序等方式随车携带；采用纸质运单的，需加盖企业公章（复印或扫描件有效）。驾驶员或承运人应根据运输阶段，及时变更运单状态，直至运单完成。

二、运单制作

以下将结合运单标准格式，介绍如何正确生成一张标准、合规的运单。

（1）运单编号：使用电子运单的，运单编号由系统自动生成，由24个数字或字母字符组成，共分6段（图6-2），包括：区划代码、承运企业标识（企业危险货物道路运输经营许可证号后6位数字）、运单生成日期、顺序号、随机数、校验码。随机数和校验码由系统自动生成。

使用纸质运单的企业，随机数和校验码均为0，其他字段按照以上规则填写。

图6-2　运单编号示例

（2）托运人信息：托运人是指将危险货物交付给承运人进行运输的企业或者单位。按照托运清单，填写托运企业或货主企业的企业名称。联系电话应为托运方或其委托方中熟悉所托运货物的危险特性及应急处置措施的人员的电话。

（3）装货人信息：装货人是指受托运人委托将危险货物装进危险货物车辆、罐式车辆罐体、可移动罐柜、集装箱、散装容器，或者将装有危险货物的包装容器装载到车辆上的企业或者单位。按照托运清单，填写装货人（或充装人）企业的名称及联系方式。

（4）收货人信息：收货人是指接收货物的企业。按照托运清单，填写收货企业名称及联系电话。

（5）起运地信息：按照托运清单，填写装货完成，车辆开始运输的地点，可填具体地址或地址简称（包括县级行政区域）。起运地信息可根据托运清单填写。

（6）目的地信息：按照托运清单，填写运输目的地所在的具体地址或地址简称（包括县级行政区域）。目的地可根据托运清单填写。

（7）城市配送：一个危险货物运输单元，在某个地点完成装货，在同一个地级市范围内一个（或以上）地点多次卸货，可勾选城市配送。对于城市配送，可只填写一个运单，收货人、目的地可为最后一个收货人的名称及地址。

（8）承运人信息：承运人是指具有危险货物道路运输资质并承担危险货物运输作业的企业或者单位。按照《道路运输经营许可证》《道路危险货物运输许可证》填写本运输企业的名称、许可证号以及联系方式（图6-3）。

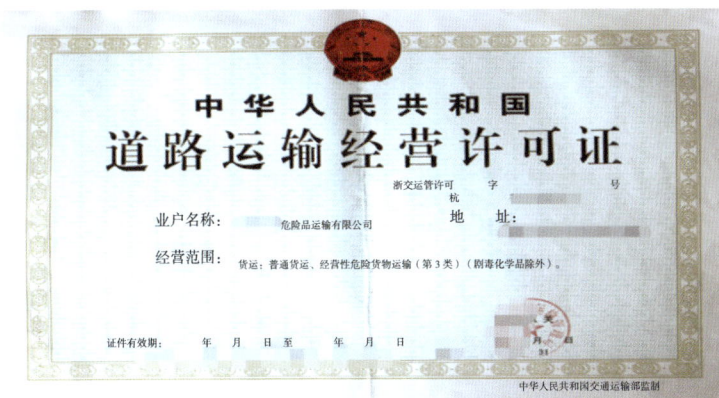

图6-3 经营许可证样例

（9）车辆及挂车信息：包括车牌牌照及道路运输证号，按照公安交通管理部门核发的车辆牌照号码填写车辆号码，按照《道路运输证》填写道路运输证号（图6-4）。

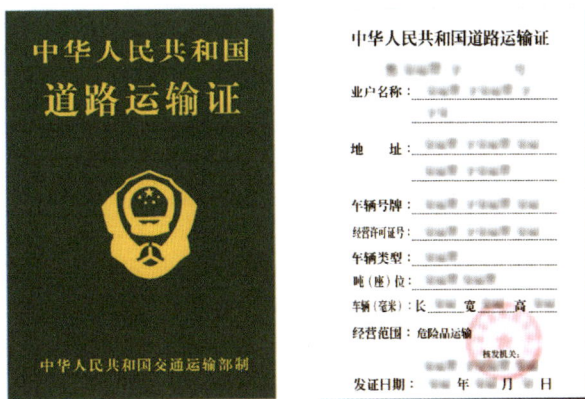

图6-4 道路运输证样例

（10）罐体及罐体容积：罐体编号为罐车罐体或罐式集装箱的唯一性编号，当为罐体时，填写罐体合格证中的VIN码，可从罐体合格证（图6-5）、罐体安全合格铭牌（图6-6）获取；罐式集装箱填写集装箱生产序列号，可从安全合格铭牌上获取。罐体容积单位为m^3，为罐体有效容积，非载货容积。

罐体合格证

编号：

制造单位			
组织机构代码			
生产许可证编号			
产品名称		产品型号	
产品图号		罐体设计代码	
VIN码			
制造日期			年　月　日

本产品在制造过程中经过质量检查，符合GB 18564.1—2019《道路运输液体危险货物罐式车辆　第1部分：金属常压罐体技术要求》及其设计图样、相关技术标准的要求。

检验责任工程师（签章）：　　　日期：

质量保证工程师（签章）：　　　日期：

质量检验专用章

年　月　日

图6-5　罐体合格证中的VIN码样例

图6-6　罐式集装箱安全合格铭牌样例

（11）驾押人员信息：包括驾驶员和押运员姓名、从业资格证号以及联系电话，从业资格证号应按照"从业资格证"填写（图6-7）。

图6-7　驾押人员从业资格证样例

（12）起运日期：为装货完成，开始运输的日期，格式为yyyy-mm-dd。

（13）货物信息：包括危险货物联合国编号（UN编号）、正式运输名称、类别及项别、包装类别、包装规格、危险货物单位及数量等。货物信息根据托运清单填写或安全技术说明书填写（图6-8）。

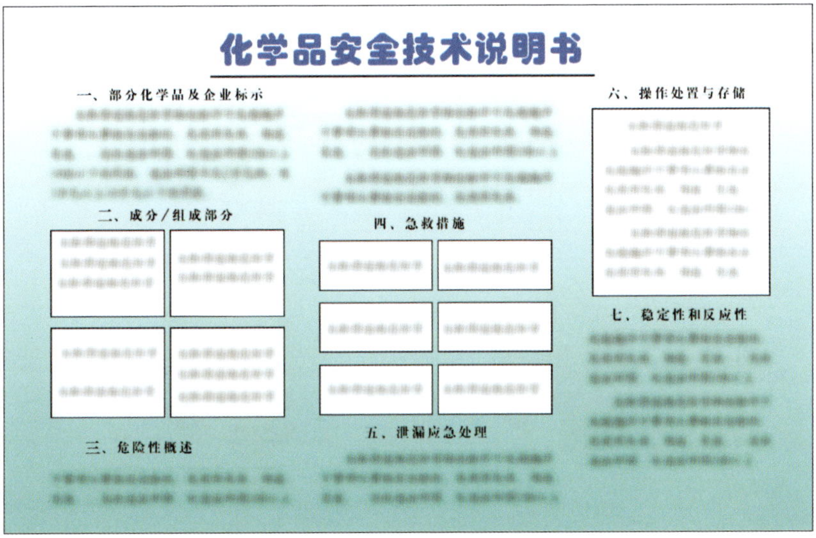

图6-8　安全技术说明书样例

①联合国编号：根据"托运清单"或"安全技术说明书"中信息填写，确定货物的联合国编号。联合国编号应符合JT/T 617.3中表A.1的要求（如托运汽油时，UN 1203）。

②正式运输名称：应按照JT/T 617.3中表A.1第（2a）列规定填写，特殊情况需根据特殊规定补充技术说明，详见JT/T 617.5的8.2.1.2。

③类别及项别：根据JT/T 617.3中表A.1第（3a）列确定类别及项别。

④包装类别：根据JT/T 617.2包装类别号码，如"Ⅱ"。

⑤包装规格：根据实际情况填写，危险货物包装容器的材质、形状（可选单位为：罐车、罐式集装箱、中型散装容器、包装件等）。

⑥危险货物单位及数量：根据"托运清单"填写，可用体积（如m³）、质量（如t）或件数表示；格式为：数量单位；可选单位为：吨（t）、立方米

（m³）、桶、件等；单位不是吨的，用括号标注质量：例如20m³（10t）、5桶（0.1t）。

（14）二维码：由省级危货系统生成二维码信息，企业电子运单系统据此生成二维码图形。二维码中，含有各省唯一性密钥信息，可作为跨省运单互认的关键标识（图6-9）。

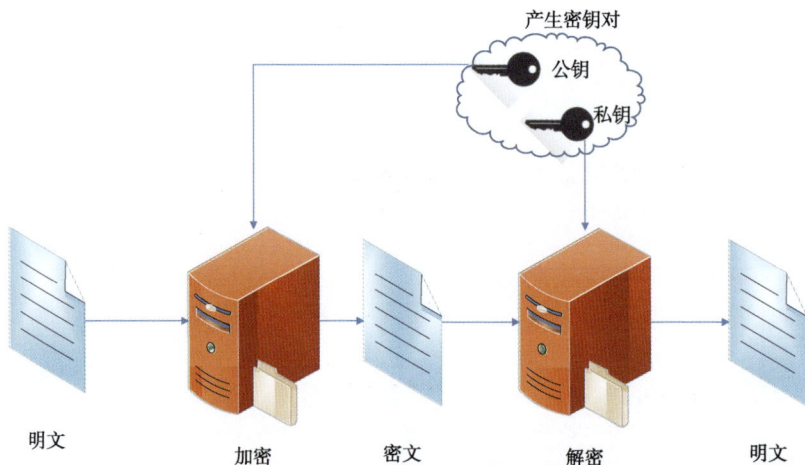

产生密钥对

公钥

私钥

明文   加密   密文   解密   明文

图6-9　运单二维码加解密流程示意图

（15）备注：在备注中，可注明应特别注意的安全事项等其他应特别说明的事项。

三、运单合规性校验

运单派发前的合规性校验，应满足以下条件：

1. 运输企业

（1）企业经营范围中包括危险货物运输；

（2）企业危险货物道路运输经营许可证在有效期内；

（3）企业危险货物道路运输经营许可证状态为"营业"。

2. 运输车辆

（1）车辆经营范围中包括 "危险货物运输"；

（2）车辆营运状态为"营业"；

（3）车辆道路运输证在有效期内；

（4）车辆年度审验在有效期内；

（5）车辆技术等级评定在有效期内；

（6）车辆承运人责任险在有效期内；

（7）车辆卫星定位装置在线；

（8）涉及罐式车辆的，罐体的检验报告在有效期内。

3. 驾押人员

（1）驾押人员取得对应的危险货物运输从业资质。

（2）驾押人员从业资格证证照状态为"有效"；

（3）驾押人员从业资格证在有效期内；

（4）驾押从事剧毒化学品、第1类爆炸品运输的，相关的驾押人员从业资格证类别中应包括"剧毒化学品运输"或者"爆炸品运输"。

4. 危险货物

（1）承运货物类项在企业经营范围内；

（2）承运货物类项在汽车、挂车经营范围内；

（3）若为常压罐车时，所运货物应在常压罐车的适装介质列表中。

5. 其他校验

（1）运输剧毒化学品、民用爆炸物品、烟花爆竹和放射性物品时，应当按照公安机关批准的线路行驶；

（2）运输危险废物的，应填写运输危险废物转移联单，并与危险货物运单一并随运输工具携带。

四、运单样例

1. 城市配送

目前常见的城市配送如成品油的运输，车辆在一个油库装货后，在城市中多个加油站配送，本趟次运输任务属于城市配送。城市配送可按趟次填写运单，配送最后一个卸货点为目的地。柴油城市配送运单见表6-1。

危险货物道路运输运单（样例）　　　　表6-1

运单编号：							
托运人	名称		收货人	名称			
	联系电话			联系电话			
装货人	名称		起运日期				
	联系电话		起运地				
目的地					□ 城市配送		
承运人	单位名称		联系电话				
	许可证号						
	车辆信息	车牌号码(颜色)		挂车信息	车牌号码		
		道路运输证号			道路运输证号		
	罐体信息	罐体编号		罐体容积			
	驾驶员	姓名		押运员	姓名		
		从业资格证			从业资格证		
		联系电话			联系电话		
货物信息	1, UN 1202，柴油，3类，PGⅢ，罐车，14.0，吨						
备注				（电子运单二维码）			
调度人：				调度日期：			

2. 危废运输

危险废物大多为混合物或溶液。按照JT/T 617.2 中4.3.5的规定，含有多种危险物质的溶液或混合物，应根据其危险性划入相应集合条目，并确定合适的包装类项。若废物未达到第1类至第9类危险货物的分类规定，但列入《国家危险废物名录》的，则应归为UN 3077或UN 3082。

下面以不同浓度烟碱为例，说明运单填写要求。

（1）烟碱（浓度高于5%），归为UN 1654烟碱（尼古丁）。货物信息栏中应填写："1，UN 1654，烟碱（尼古丁），6.1项，PG Ⅱ，罐车，5.0，吨"，同步更新二维码。

（2）烟碱（浓度低于5%），归为UN 3082对环境有害的物质，液体的，未另作规定的。货物信息栏中应填写："1，UN 3082，对环境有害的物质，液体的，未另作规定的（烟碱），9类，PG Ⅲ，罐车，5.0，吨"，同步更新二维码。

3. 民用爆炸品运输

运输民用爆炸品时，部分情况运输量较小。目前运单运量保留三位小数，当少于0.001t（1kg）时，按0.001t处理。未使用罐车时，罐体标号及容积栏不填写内容。货物信息栏中应填写："1，UN 0030，电引爆雷管，1.1项，纸箱，0.001，吨"，同步更新二维码。

4. 液化天然气运输

液化天然气，属于UN 1972，甲烷，冷冻液体，是较为常见的能源。货物信息栏中应填写："1，UN 1972，甲烷，冷冻液体，2.1项，罐车，10，吨"，同步更新二维码。

5. 集合条目危险货物运输

正式运输名称为集合条目，且特殊规定中含274或318的危险货物，运单中货物名称应加技术名称。如氟乙酸甲酯，按照JT/T 617.2，JT/T 617.3的分类标准，应归为UN 2810，有机毒性液体，未另作规定的，包装类别为I。货物信息栏中应填写："1，UN 2810，有机毒性液体，未另作规定的（氟乙酸甲酯），6.1项，PG I，罐车，10，吨"，同步更新二维码。

五、运单监管应用

1.行业日常监管

危险货物道路运输企业完成运单派发后，运单详细信息及后续状态信息，将自动同步至省级危险货物道路运输监管系统，行业管理人员可实时查询车辆运单信息，并可结合重点营运车辆联网联控系统中的卫星定位数据，掌握当前车辆运输轨迹信息，实现运输过程的动态监管（图6-10）。

图6-10　运单信息及车辆行驶轨迹示意图

省级行业管理部门还可结合运政基础数据、卫星定位数据，综合研判辖区企业运单使用情况，如自动识别车辆年审超期仍执行运输任务、有运输轨迹未派发运单等违规行为，提升运输过程安全管理水平。

2.路面执法

行业管理部门在路面执法检查时，可通过"危运信息查询助手"微信小程序扫码查验运单（图6-11）。通过扫描运单二维码判断运单是否由车籍地省份发出，并可查询运单详细信息。

图6-11　危运信息查询助手二维码及界面

第二节　运输前安全检查

根据《危险货物道路运输安全管理办法》要求，危险货物承运人在运输前，应当对运输车辆、罐式车辆罐体、可移动罐柜、罐式集装箱及相关设备的技术状况，以及卫星定位装置进行检查并做好记录，对驾驶员、押运员进行运输安全告知。同时驾押人员在起运前，也应进行车辆外观检查、标志标记检查，确保没有影响运输安全的缺陷。

以下梳理危货运输企业一般性检查及罐体检查主要内容，供运输企业参考。

一、一般性检查

对于所有危险货物适用的基本检查内容见表6-2。

一般性检查项目及示意图　　　　　　　　　　表6-2

序号	检查项目	检查要点	检查图片
1	润滑油、冷却液质量及液位高度	目测润滑油质量，检查润滑油和冷却液液位是否正常	
2	轮胎	轮胎胎冠、胎侧没有损伤，胎纹深度和胎压正常，轮毂螺母齐全，备胎架正常	

续上表

序号	检查项目	检查要点	检查图片
3	导静电拖地带	拖地、重垂块位置正常	
4	牵引车与挂车连接(气管、线路、牵引销)	连接正常	
5	标志标牌	安全告示和菱形牌同承运货物相一致	
6	应急设施	随车携带道路运输危险货物安全卡	扫描本书封面二维码查看
		灭火器（驾驶室及挂车）	

序号	检查项目	检查要点	检查图片
6	应急设施	三角警示牌（1个）或锥形反光桶（3~5个）	
		防爆手电	
		三角木轮挡 2 个	
		堵漏垫	
		防爆铲	

续上表

序号	检查项目	检查要点	检查图片
7	证件	从业资格证、驾驶证、车辆行驶证、道路运输证	
8	后视镜	调整后视镜角度	
9	安全带	应正常	
10	刮水器	各挡位运转正常	
11	摄像头	摄像头前无东西遮挡住	
12	自检制动系统	行车制动和驻车制动系统良好	
13	灯光完好	灯光完好，前照灯、远光灯、危险报警灯、示廓灯、雾灯、转向灯正常	

二、罐体检查

罐体检查主要内容见表6-3。

罐体检查项目及示意图   表6-3

序号	检查项目	检查要点	检查图片
1	罐体外观	罐体外表面是否存在裂纹、泄漏、变形、鼓包、腐蚀、机械损伤、皱皮等； 罐体表面漆色、铭牌、标志和标识是否清晰、完整、符合要求，涂层有无剥落、皱皮；反光条正常显示罐体轮廓	

续上表

序号	检查项目	检查要点	检查图片
2	罐体有效期	罐体是否在有效检验周期内	
3	适装介质	承运介质在罐体上喷写介质范围内，罐体上喷写介质在罐体检测报告介质列表内	
4	标志牌	安全告示和菱形牌同承运货物相一致	
5	凸缘（法兰）密封结构	凸缘（法兰）密封结构是否完好，是否有泄漏痕迹，紧固螺栓有无腐蚀、松动、弯曲变形	

续上表

序号	检查项目	检查要点	检查图片
6	罐体连接焊缝	罐体连接焊缝有无裂纹，紧固螺栓有无松脱等	
7	扶梯及操作平台	扶梯、操作平台、护栏有无掉焊、破损等情况	
8	接口及管路	罐体附件与罐体的接口有无泄漏，连接是否牢固可靠；管路是否存在机械接触损伤、堵塞等情况	

续上表

序号	检查项目	检查要点	检查图片
9	保护装置	装卸口阀门箱或防碰撞护栏等保护装置是否完好	
10	紧急切断阀	紧急切断阀正常关闭，远程控制系统正常	
11	卸料口	装卸料口的密封盖或密封式集漏器是否完好	

续上表

序号	检查项目	检查要点	检查图片
12	人孔	人孔是否正常关闭，无异常	
13	安全阀等检验有效期	安全阀、紧急泄放装置、呼吸阀完好，且在校验有效期内	
14	其他	保温罐体，保温层完好，温度计在有效检验期内，显示正常；承压罐体压力表在有效检验期内，爆破片正常	

第三节　运输途中监控

根据《道路运输车辆动态监督管理办法》相关要求，危险货物道路运输企业应当按照标准建设道路运输车辆动态监控平台，或者使用符合条件的社会化卫星定位系统监控平台，对所属道路运输车辆和驾驶员运行过程进行实时监控和管理。

一、轨迹跟踪

应用卫星定位技术可对危险货物运输车辆精准定位，结合地图信息，确定危险货物运输车辆位置和车号；并可根据车辆行驶方向、行驶速度，判别车辆行驶状态。

二、历史轨迹回放

根据历史定位信息，选取危货运输车辆轨迹起止时间，对车辆轨迹进行回放，获取车辆行驶里程和行驶路线。

三、超速行驶报警

对超速行驶车辆进行报警，将超速行驶车辆的企业信息、车牌号信息、超速行驶时段等记录至后台。

四、疲劳驾驶预警

对超时驾驶（疲劳驾驶）车辆进行报警，将车辆的企业信息、牌照信息、报警时间及次数等记录至后台。

五、电子围栏

通过设置区域性电子围栏，对进入围栏范围的运输车辆的行驶路线、速度、停车时间进行全程监测，发现违法行为及时将有关预警信息推送至企业、驾驶员、本地监管部门，实现对运输车辆的全流程、全天候动态监控。

六、运输车辆监管

实时监测运输车辆行驶速度、行驶轨迹及状态信息，并在地图上标明报警事件发生位置及时间，辅助企业的运营监管，对驶入该区域的驾驶员进行提醒，有效规避潜在风险。

第四节　事故与应急

一、事故处置流程

针对不同的突发情况，驾驶员在处置过程中，应当遵循基本的、通用的处置程序（表6-4）。

事故应急处置程序　　　　　　　　　　　　　　　　表6-4

序号	步骤	主要内容	图片示例
1	停车	发生突发情况时，驾驶员应立即采取减速措施，将车辆停至安全停车地带，避开人群集中区域。车辆停稳后，迅速关闭车辆电源总开关，开启危险报警闪光灯、示廓灯	
2	警示	驾驶员应穿好反光背心，在车辆后方同车道50m至100m处设置警告标志，高速公路应在来车方向150m外设置警告标志，夜间还应再加大距离，驾乘人员在路侧或高速公路护栏外安全地带等待救援	

续上表

序号	步骤	主要内容	图片示例
3	疏散	若现场情况紧急，需及时疏散现场人员，避免二次事故的发生。根据危险货物的爆炸、易燃、毒害、感染、腐蚀、放射性等不同危险特性设置初始隔离区，并做好周围车辆和人员的疏散工作，往上风口方向疏散	
4	逃生	指导驾乘人员通过车门、应急门、应急窗或安全顶窗等进行逃生，切勿贪恋财物。逃离事故车辆后应及时转移至安全地带，不要驻足观望	
5	报警	及时拨打 122（高速公路拨打 12122）报警电话，上报事故发生时间和地点、人员伤亡和损失等情况；若车辆着火燃烧，应及时拨打 119 报警电话；若驾乘人员受伤，应及时同步拨打 120 急救电话。发生危化品泄漏，还应及时拨打 110 向当地公安机关报警，报警人员需在对方挂断电话后，再挂机。交通警察、消防队员、综合交通执法人员、医生等到达现场后，应积极配合做好相关工作	

续上表

序号	步骤	主要内容	图片示例
6	救助	根据人员伤情科学施救，切忌随意移动、拉拽、摇晃伤员，耐心等待救护。存在火灾、爆炸等危险时，应采取正确的搬运方法，及时将伤员转移到安全地带。急需救治时，应求助过往车辆送至最近医院。驾驶员或押运员在保证自身安全的前提下进行应急抢险自救，必须穿好应急防护用品，如戴好安全帽，穿好防化服，戴好防护手套，穿好雨靴，佩戴好空气呼吸器等。从上风口进入事故点抢险，在确保安全前提下关闭阀门、堵漏、灭火等，做好自救工作，另一人必须在上风口做好警戒和监护，不得擅自离开现场	
7	报告	事故发生后，应当及时向所属公司及车籍地交通运输管理部门报告，上报事故发生时间和地点、人员伤亡和事故经过等基本情况	

二、常见事故处置要点

1. 危险货物泄漏

1）致险情形

在危险货物运输过程中，因驾驶员和押运员安全意识淡薄、责任心不强等原因，可能存在所驾车辆超速行驶、疲劳驾驶等危险驾驶行为，极易导致车辆发生碰撞、侧翻等事故，从而引起危险化学品泄漏险情。

2022年2月26日13时20分，天津滨海新区小王庄镇南和顺村附近的港中线发生一起交通事故，造成一辆载有32t轻烃的槽罐车发生泄漏（图6-12）。

图6-12　槽罐车泄漏事故现场图

2）处置措施及程序

危险货物运输过程中，一旦发生泄漏事件，驾驶员、押运员应在安全可控的情况下，积极采取力所能及的处置措施（图6-13）。

3）预防措施

（1）选择合理的、通行条件较好的行驶路线，远离城镇、居民区，不进入危险货物运输车辆禁止通行区域。

（2）运输易燃易爆、剧毒、腐蚀危险化学品的车辆要严格按照公安机关批准的时间、路线行驶，不得随意变更。

（3）保持危物运输车辆安全的行车速度，任何情况下在高速公路行驶速度不得超过80km/h，一般道路行驶速度不得超过60km/h，有限速路段按限速通行，夜间、雨雾冰雪等低能见度条件下要及时降速行驶。

（4）与前方车辆保持安全的行车间距，遇雨雾冰雪等恶劣天气时要加大行车间隔距离，限速20km/h通行。

（5）行车途中不得随意变更车道，高速公路行车要在规定车道行驶。

（6）驾驶员要保持注意力，严格按照规定进行停车休息，连续驾车运行4h，停车休息20min以上，连续驾车运行不足4h，出现严重疲劳情况时，应及时停车休息。停车期间及时查看车辆技术状况，确保危货罐体紧急切断阀处于关闭状态，阀门无渗漏。

停车

立即选择安全区域停车，关闭车辆点火开关、电源总开关，切断整车电路。避免使用火源。如吸烟、打开电子设备等动作可能产生火花

报告

根据应急预案的要求，向事故发生地公安机关交通管理部门、交通运输主管部门、应急管理部门、生态环境管理部门等相关主管部门和本企业报告，并提供现场基本信息

标志

穿上反光背心，按照相关要求设置危险警告标志

单据

备好运输单据（托运清单、电子运单、安全卡），以便救援人员获取危险化学品相关信息和施救方法

远离

不要走近或碰触泄漏的危险货物，不要站在下风口，以免吸入废气、烟雾、粉剂和蒸气

扑灭

在具备情况且确保自身安全的前提下，使用灭火器扑灭轮胎、制动系统、发动机的小火或初始火源

阻漏

若罐体发生泄漏，确保自身安全的前提下，使用随车应急工具阻止危险化学品渗漏到水生环境（如池塘、沼泽、沟渠、饮用水源等）或下水道系统中。具备条件的，可自主组织收集泄漏的危险货物

撤离

撤离事故现场，听从救援人员的指挥，组织其他人员撤离事故现场

处理

脱掉被污染的衣物，以及已使用且被污染的防护设备，并将其安全处理

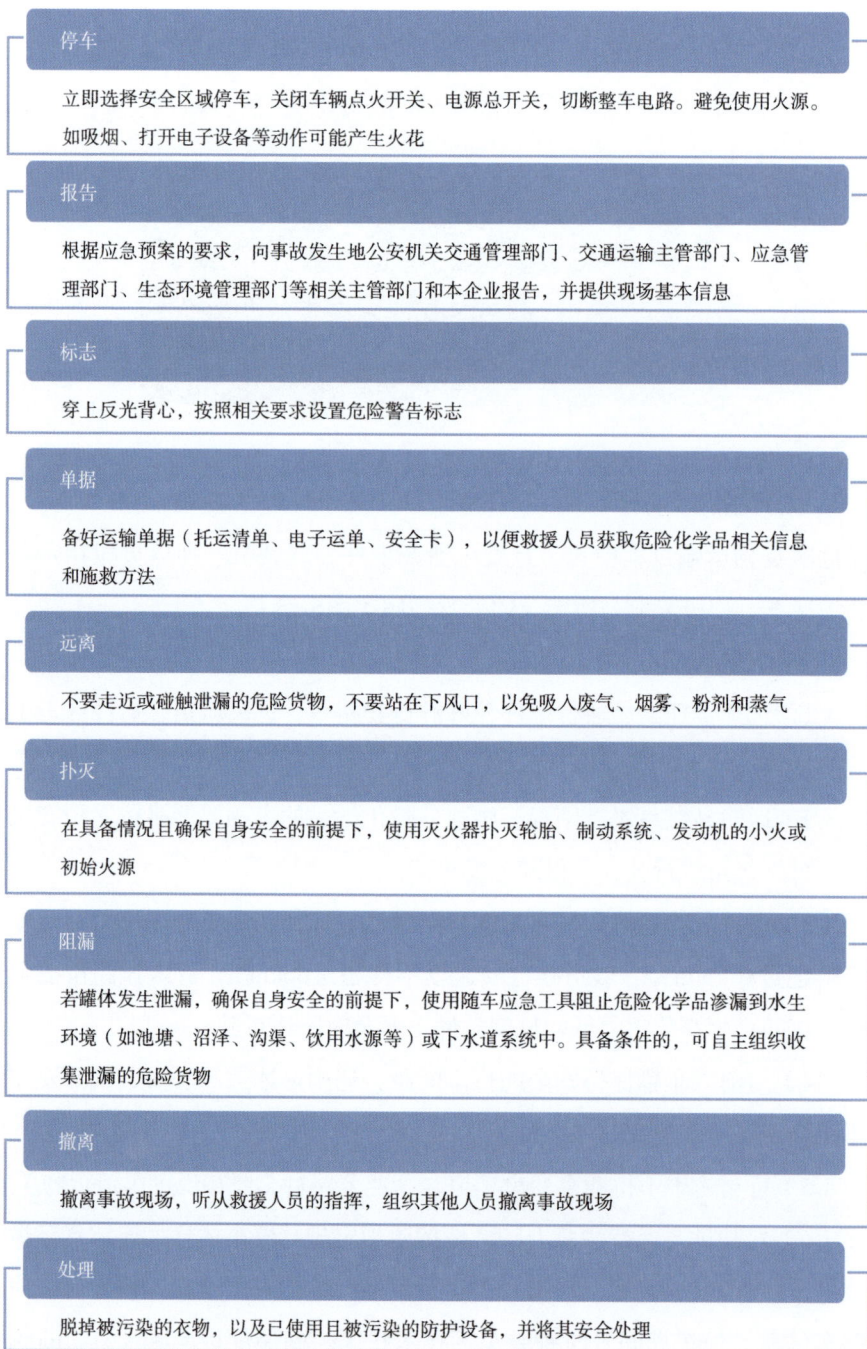

图6-13　泄漏处置措施及程序

2.车辆侧翻

1）致险情形

车辆行驶在松软路面、沟渠和弯道时，容易发生侧翻。翻车事故通常是由于车辆侧滑，转向过度，追尾碰撞等因素造成的。车辆发生侧翻和坠车事故后，经常呈现90°侧立或180°倒立的状态，严重情况下，车辆和罐体会解体（图6-14）。

图6-14　车辆侧翻事故现场图

2）处置措施及程序

运输车辆发生侧翻，驾驶员应保持清醒的头脑，根据"先人后车"的原则，按照"侧翻时自救、侧翻后逃生"的处置程序，首先确保尽量减少人员伤亡，然后尽量采取措施顺利进行逃生，并及时报警、报告。

（1）车辆侧翻时自救。车辆在道路上突然发生侧翻时，驾驶员应双手紧握转向盘，双脚勾住离合器和制动器踏板，背部紧靠座椅靠背。

车辆向深沟连续翻滚坠车时，驾驶员应迅速躲向座椅前下方，抓住转向盘将身体稳住，避免身体受伤。发生缓慢翻车有可能跳车逃生时，应向翻车相反方向跳车。若不可避免地要被抛出车外时，应在被抛出的瞬间，猛蹬双腿，借势跳出车外。跳出车外落地后，应力争双手抱头顺势向惯性力的方向多滚动一段距离，以躲开车体，增大离开危险区的距离。

（2）车辆侧翻后逃生。在保证自身安全的条件下，驾驶员和押运员应积极组织自救，若发生车门变形、物品堵塞（水压或物品堵压）造成车门无法开启时，可敲碎应急窗玻璃设法脱身（有应急门的应首先设法打开应急门）。

根据车辆翻车地点的地形地貌和车辆重心，迅速判断车辆是否有可能继续翻滚，尽可能就地取材稳定车辆重心，防止险情扩大。

3）预防措施

（1）车辆行驶过程中，驾驶员应系好安全带，并督促押运员使用安全带。

（2）严禁车辆超载、超员、超速行驶，确保货运车辆装载均匀。

3. 车辆自燃

1）致险情形

车辆行驶过程中，由于其自身故障和所载货物的原因，可导致车辆发生自燃（图6-15）。因车辆自身故障导致的自然现象主要有发动机舱起火、车辆轮胎起火（图6-16）和电气线路起火。货物自燃包括普通货物燃烧和危险化学品燃烧爆炸。

2）处置措施及程序

车辆自燃处置措施和程序如图6-17所示。

图6-15　车辆自燃事故现场图

图6-16　车辆轮胎起火事故现场图

3）预防措施

（1）行车前驾驶员要对车辆的安全状况进行检查，特别是驾驶室内部、发动机舱、车辆外部和轮胎等部位，确保制动、转向、传动、悬架、轮胎、灯光、信号等设施设备以及发动机运转处于完好状态，严禁车辆"带病"上路。要做好车辆应急锤、灭火器、应急门窗等应急设施设备的检查，确保完好有效。

（2）运输车辆应检查危险货物包装是否符合规定，安全装置、卫星定位装置、液体危险货物罐车紧急切断装置是否安装完好、工作正常。

停车

车辆发生自燃时，在可以停车的情况下，驾驶员应立即选择安全区域停车。具备条件的，应当关闭点火开关，关闭电源总开关，危险化学品运输车还应关闭燃油（燃气）开关。拨打110报警电话（或119火警电话），并向所属单位报告

下车

驾驶员、押运员应携带安全卡、灭火器、通信工具、防毒面具（罩）等应急用品下车

警告

应在本车道车后（来车方向）适当距离放置三角警告牌：高速公路150m以上，一般道路50m至100m以上（根据道路限速情况），夜间还应适当扩大警告牌放置距离

初期灭火

初期应迅速确认自燃、起火情形，采取措施控制火势，做好个人防护措施，从上风向位置进行灭火。灭火时应将灭火器对准火焰根部喷射，由近及远、左右扫射、快速推进

车辆灭火

遇车头电器线路或发动机舱内冒烟或出现火苗，应尽量避免打开发动机舱盖，从车身通气孔、散热器或车底侧采取灭火措施；遇车辆轮胎冒烟和出现火苗，将灭火器对准起火部位采取灭火措施，应尽量避免用水扑救发动机舱火灾，避免造成更严重的损坏和轮胎脱层；遇车厢内冒烟或出现火苗，对准起火部位采取灭火措施

货物灭火

危险货物自燃起火初期，由驾驶员、押运员按照危险化学品的特性及扑救方法，立即使用干粉灭火器或砂土等介质进行扑救，应尽量避免用水直接扑救，以防存在禁用水扑救的危险化学品。在没有切断泄漏情况下，如果着火点处于稳定燃烧状态，谨慎扑灭

撤离

若火势较大、蔓延迅速，短时间无法控制，应确保自身安全、迅速撤离，并组织现场人员撤离逃生。有人员受伤时，应及时采取自救和互救措施

疏散

驾驶员在进行人员疏散时，应疏散现场人员至上风向距事故发生地点100m以外路侧安全区域，高速公路应撤离至护栏外侧，同时做好现场警戒保护，防范发生二次事故，等待救援

图6-17　自燃处置措施及程序

附录
APPENDIX

附录一　危险货物道路运输豁免相关文件

危险货物道路运输件豁免相关文件　　　　　附表1-1

序号	货物名称	类别项别	联合国编号	包装类别	豁免依据	豁免规定
1	潮湿棉花	4.2	1365	Ⅲ	《关于同意将潮湿棉花等危险货物豁免按普通货物道路运输的通知》（交运发〔2011〕141号）	全部豁免
2	活性炭	4.2	1362	Ⅲ		全部豁免
3	硫	4.1	1350	Ⅲ		其中,做成某种形状（如,小球、颗粒、丸状、锭状或薄片）的硫磺全部豁免
4	内燃发动机或易燃气体发动机的车辆或易燃液体发动机的车辆	9	3166	—		全部豁免
5	干草、禾秆或碎稻草和稻壳	4.1	1327	—		全部豁免
6	乙醇饮料,按体积含乙醇高于24%，但不超过70%	3	3065	Ⅲ		其中，5L以下的全部豁免
7	动物或植物或合成的纤维或纤维织品，未另列明的，含油	4.2	1373	Ⅲ		全部豁免
8	植物纤维，干的	4.1	3360	—		全部豁免
9	涂料	3	1263	Ⅲ		其中，20L以下的水性涂料全部豁免
		8	3066			
10	印刷油墨，易燃、或印刷油墨相关材料，易燃	3	1210	Ⅲ		其中，20L以下胶印油墨、润版液全部豁免

序号	货物名称	类别项别	联合国编号	包装类别	豁免依据	豁免规定
11	二氧化碳	2.2	1013	—	《交通运输部关于进一步规范限量瓶装二氧化碳气体道路运输管理有关事项的通知》（交运发〔2016〕61号）	单个气瓶公称容积不超过50L、每个运输单元所运输的二氧化碳充装质量不超过500kg
12	氮	2.2	1066	—	《交通运输部关于进一步规范限量瓶装氮气等气体道路运输管理有关事项的通知》（交运发〔2017〕96号）	单个气瓶公称容积不超过50L，每个运输单元所运输的压缩气体气瓶总水容积不超过500L
12	氮	2.2	1977	—		单个气瓶公称容积不大于175L，每个运输单元所运输的冷冻液化气体净充装质量不超过500kg
13	氩	2.2	1046	—		单个气瓶公称容积不超过50L，每个运输单元所运输的压缩气体气瓶总水容积不超过500L
13	氩	2.2	1963	—		单个气瓶公称容积不大于175L，每个运输单元所运输的冷冻液化气体净充装质量不超过500kg
14	氖	2.2	1065	—		单个气瓶公称容积不超过50L，每个运输单元所运输的压缩气体气瓶总水容积不超过500L
14	氖	2.2	1913	—		单个气瓶公称容积不大于175L，每个运输单元所运输的冷冻液化气体净充装质量不超过500kg

续上表

序号	货物名称	类别项别	联合国编号	包装类别	豁免依据	豁免规定
15	氩	2.2	1006	—	《交通运输部关于进一步规范限量瓶装氮气等气体道路运输管理有关事项的通知》(交运发〔2017〕96号)	单个气瓶公称容积不超过50L，每个运输单元所运输的压缩气体气瓶总水容积不超过500L
		2.2	1951	—		单个气瓶公称容积不大于175L，每个运输单元所运输的冷冻液化气体净充装质量不超过500kg
16	氖	2.2	1056	—		单个气瓶公称容积不超过50L，每个运输单元所运输的压缩气体气瓶总水容积不超过500L
17	氙	2.2	2036	—		单个气瓶公称容积不超过50L，每个运输单元所运输的氙净充装质量不超过500kg
18	冷冻液态氦	2.2	1963	—	《交通运输部办公厅关于进一步规范医用核磁共振检测仪及限量瓶装氟利昂类制冷气体道路运输管理有关事项的通知》(交办运〔2021〕42号)	医用核磁共振检测仪单台运输时，如果液氦(UN1963)装在工作压力小于0.1MPa的双层容器中，并且至少有一个泄压装置，每个运输单元所运输的液氦净充装质量不超过500kg
19	氯二氟甲烷(制冷气体，R22)	2.2	1018	—		单个气瓶公称容积不超过22.3L，每个运输单元所运输的制冷气体净充装质量不超过500kg
20	1，1，1，2-四氟乙烷(制冷气体R134a)	2.2	3159	—		
21	制冷气体R404A(五氟乙烷，1，1，1-三氟乙烷和1,1,1,2-四氟乙烷非共沸混合物，其中44%的五氟乙烷约和52%的1,1,1-三氟乙烷)	2.2	3337	—		

续上表

序号	货物名称	类别项别	联合国编号	包装类别	豁免依据	豁免规定
22	制冷气体R407C（二氟甲烷，五氟乙烷和1，1，1，2-四氟乙烷非共沸混合物，其中23%的二氟甲烷，25%的五氟乙烷和52%的1,1,1,2-四氟乙烷）	2.2	3340	—	《交通运输部办公厅关于进一步规范医用核磁共振检测仪及限量瓶装氟利昂类制冷气体道路运输管理有关事项的通知》（交办运〔2021〕42号）	单个气瓶公称容积不超过22.3L，每个运输单元所运输的制冷气体净充装质量不超过500kg
23	制冷气体，未另作规定的（R-410A）	2.2	1078	—		
24	制冷气体，未另作规定的（R-417A）	2.2	1078	—		
25	制冷气体，未另作规定的（R-507A）	2.2	1078	—		
26	危险性低于《危险货物品名表》（GB12268—2005）农药条目包装类别Ⅲ标准的农药产品（含农药登记为低毒、微毒产品）	—	—	—	《关于农药运输的通知》（交水发〔2009〕162号）	全部豁免
27	固态农药，毒性，未另作规定的	6.1	2588	Ⅲ		内容器在5kg或5L以内且每包件质量不超过30kg的豁免
28	固态氨基甲酸酯农药，毒性	6.1	2757	Ⅲ		
29	固态含砷农药，毒性	6.1	2759	Ⅲ		
30	固态有机氯农药，毒性	6.1	2761	Ⅲ		
31	固态三嗪农药，毒性	6.1	2763	Ⅲ		

续上表

序号	货物名称	类别项别	联合国编号	包装类别	豁免依据	豁免规定
32	固态硫代氨基甲酸酯农药，毒性	6.1	2771	Ⅲ		
33	固态铜基农药，毒性	6.1	2775	Ⅲ		
34	固态汞基农药，毒性	6.1	2777	Ⅲ		
35	固态取代硝基苯酚农药，毒性	6.1	2779	Ⅲ		
36	固态联吡啶农药，毒性	6.1	2781	Ⅲ		
37	固态有机磷农药，毒性	6.1	2783	Ⅲ		
38	固态有机锡农药，毒性	6.1	2786	Ⅲ	《关于农药运输的通知》（交水发〔2009〕162号）	内容器在5kg或5L以内且每包件质量不超过30kg的豁免
39	液态农药，毒性，未另作规定的	6.1	2902	Ⅲ		
40	液态农药，毒性，易燃，未另作规定的，闪点不低于23℃	6.1	2903	Ⅲ		
41	液态氨基甲酸酯农药，毒性，易燃，闪点不低于23℃	6.1	2991	Ⅲ		
42	液态氨基甲酸酯农药，毒性	6.1	2992	Ⅲ		
43	液态含砷农药，毒性，易燃，闪点不低于23℃	6.1	2993	Ⅲ		
44	液态含砷农药，毒性	6.1	2994	Ⅲ		

序号	货物名称	类别项别	联合国编号	包装类别	豁免依据	豁免规定
45	液态有机氯农药，毒性，易燃，闪点不低于23℃	6.1	2995	Ⅲ		
46	液态有机氯农药，毒性	6.1	2996	Ⅲ		
47	液态三嗪农药，毒性，易燃，闪点不低于23℃	6.1	2997	Ⅲ		
48	液态三嗪农药，毒性	6.1	2998	Ⅲ		
49	液态硫代氨基甲酸酯农药，毒性，易燃，闪点不低于23℃	6.1	3005	Ⅲ		
50	液态硫代氨基甲酸药毒性	6.1	3006	Ⅲ	《关于农药运输的通知》（交水发〔2009〕162号）	内容器在5kg或5L以内且每包件质量不超过30kg的豁免
51	液态铜基农药，毒性，易燃，闪点不低于23℃	6.1	3009	Ⅲ		
52	液态铜基农药，毒性	6.1	3010	Ⅲ		
53	液态汞基农药，毒性，易燃，闪点不低于23℃	6.1	3011	Ⅲ		
54	液态汞基农药，毒性	6.1	3012	Ⅲ		
55	液态取代硝基苯酚农药，毒性，易燃，闪点不低于23℃	6.1	3013	Ⅲ		
56	液态取代硝基苯酚农药，毒性	6.1	3014	Ⅲ		
57	液态联吡啶农药，毒性，易燃，闪点不低于23℃	6.1	3015	Ⅲ		

续上表

序号	货物名称	类别项别	联合国编号	包装类别	豁免依据	豁免规定
58	液态联吡啶农药，毒性	6.1	3016	Ⅲ		
59	液态有机磷农药，毒性，易燃，闪点不低于23℃	6.1	3017	Ⅲ		
60	液态有机磷农药，毒性	6.1	3018	Ⅲ		
61	液态有机锡农药，毒性，易燃，闪点不低于23℃	6.1	3019	Ⅲ		
62	液态有机锡农药，毒性	6.1	3020	Ⅲ		
63	液态香豆素衍生物农药，毒性，易燃，闪点不低于23℃	6.1	3025	Ⅲ		
64	液态香豆素衍生物农药，毒性	6.1	3026	Ⅲ	《关于农药运输的通知》（交水发〔2009〕162号）	内容器在5kg或5L以内且每包件质量不超过30kg的豁免
65	固态香豆素衍生物农药，毒性	6.1	3027	Ⅲ		
66	固态苯氧基乙酸衍生物农药，毒性	6.1	3345	Ⅲ		
67	液态苯氧基乙酸衍生物农药，毒性，易燃，闪点不低于23℃	6.1	3347	Ⅲ		
68	液态苯氧基乙酸衍生物农药，毒性	6.1	3348	Ⅲ		
69	固态拟除虫菊酯农药，毒性	6.1	3349	Ⅲ		
70	液态拟除虫菊酯农药，毒性，易燃，闪点不低于23℃	6.1	3351	Ⅲ		
71	液态拟除虫菊酯农药，毒性	6.1	3352	Ⅲ		

附录二　常见危险货物有限数量适用情况

生活中，部分属于危险货物的日常消费品适用有限数量道路运输，例如除臭喷雾、油漆、白酒、香水等（附表2-1）。

适用有限数量道路运输的常见消费品基本信息表　　　附表2-1

商品示例（示意图）	商品名称	联合国编号	中文名称和说明	类别或项别	包装类别	有限数量
	除臭清新喷雾	1950	喷雾剂	2		1L
	油漆	1263	涂料	3	Ⅲ	5L
	白酒（高于24度低于70度）	3065	酒精饮料，按体积含酒精超过24%但不超过70%	3	Ⅲ	5L
	香水（含易燃液体）	1266	香料制品，含有易燃溶剂	3	Ⅲ	5L
	打火石	1323	铈铁合金	4.1	Ⅱ	1kg

续上表

商品示例 （示意图）	商品名称	联合国 编号	中文名称 和说明	类别 或项别	包装 类别	有限 数量
	灭白蚁药水	3352	液态拟除虫菊 酯农药，毒性	6.1	III	5L
	管道疏通剂	1791	次氯酸盐溶液	8	III	5L

同时，部分属于危险货物的日常消费品并不适用有限数量道路运输（附表2-2）。

不适用有限数量道路运输的消费品基本信息表　　附表2-2

商品示例 （示意图）	商品名称	联合国 编号	中文名称	类别 或项别	包装 类别	有限 数量
	鞭炮	0337	烟火	1.4G		0
	打火机	1057	打火机或者打 火机加油器，装 有易燃气体	2.1		0
	离子型烟雾 探测器；AM-241 烟感	2911	放射性物质， 例外包件-物品	7		0

参考文献

[1] 联合国欧洲经济委员会.危险货物国际道路运输欧洲公约[M].北京:人民交通出版社股份有限公司,2016.

[2] 吴金中,等.危险货物道路运输安全管理实用手册[M].北京:人民交通出版社股份有限公司,2020.

[3] 中国石油和化学工业联合会.例外数量和有限数量危险货物道路运输指南[M].北京:人民交通出版社股份有限公司,2020.

[4] 中华人民共和国交通运输部.危险货物道路运输规则 第1部分:通则:JT/T 617.1—2018[S].北京:人民交通出版社股份有限公司,2018.

[5] 中华人民共和国交通运输部.危险货物道路运输规则 第2部分:分类:JT/T 617.2—2018[S].北京:人民交通出版社股份有限公司,2018.

[6] 中华人民共和国交通运输部.危险货物道路运输规则 第3部分:品名及运输要求索引:JT/T 617.3—2018[S].北京:人民交通出版社股份有限公司,2018.

[7] 中华人民共和国交通运输部.危险货物道路运输规则 第4部分:运输包装使用要求:JT/T 617.4—2018[S].北京:人民交通出版社股份有限公司,2018.

[8] 中华人民共和国交通运输部.危险货物道路运输规则 第5部分:托运要求:JT/T 617.5—2018[S].北京:人民交通出版社股份有限公司,2018.

[9] 中华人民共和国交通运输部.危险货物道路运输规则 第6部分:装卸条件及作业要求:JT/T 617.6—2018[S].北京:人民交通出版社股份有限公司,2018.

[10] 中华人民共和国交通运输部.危险货物道路运输规则 第7部分:运输条件及作业要求:JT/T 617.7—2018[S].北京:人民交通出版社股份有限公司,2018.

[11] 国家市场监督管理总局.气瓶安全技术规程:TSG 23—2021[S].北京:新华出版社,2021.

[12] 中华人民共和国国家质量监督检验检疫总局, 中国国家标准化管理委员会.气瓶警示标签:GB/T 16804—2011[S].北京:中国标准出版社, 2012.

[13] 国家标准化管理委员会.危险货物中型散装容器检验安全规范:GB 19434—2009[S].北京:中国标准出版社, 2010.

[14] 中华人民共和国国家质量监督检验检疫总局, 中国国家标准化管理委员会.系列1集装箱分类、尺寸和额定质量: GB/T 1413—2008[S].北京:中国标准出版社, 2008.

[15] 中华人民共和国国家质量监督检验检疫总局, 中国国家标准化管理委员会.集装箱代码、识别和标记:GB/T 1836—2017[S].北京:中国标准出版社, 2018.

[16] 中华人民共和国国家质量监督检验检疫总局.移动式压力容器安全技术监察规程:TSG R0005—2011[S].北京:新华出版社, 2011.

[17] 国家市场监督管理总局, 国家标准化管理委员会.道路运输液体危险货物罐式车辆　第1部分:金属常压罐体技术要求:GB 18564.1—2019[S].北京:中国标准出版社, 2019.

[18] 中华人民共和国交通运输部.危险货物道路运输营运车辆安全技术条件:JT/T 1285—2020[S].北京:人民交通出版社股份有限公司, 2020.